아시아

오스트레일리아

우리에게서 지구를 물려받을 영혼들에게,
아직 이곳에 오지 않은 이들에게
— 히바 누르 칸

멋진 조카들 루이와 프레디에게
— 레이철 딘

ONE HOME

First published 2022 by Macmillan Children's Books
an imprint of Pan Macmillan
Text copyright © Hiba Noor Khan 2022
Illustrations copyright © Rachael Dean 2022

전 세계 열여덟 청년 활동가들의 희망 이야기

모두의 집
ONE HOME

글 히바 누르 칸 & 그림 레이철 딘 　조연주 옮김

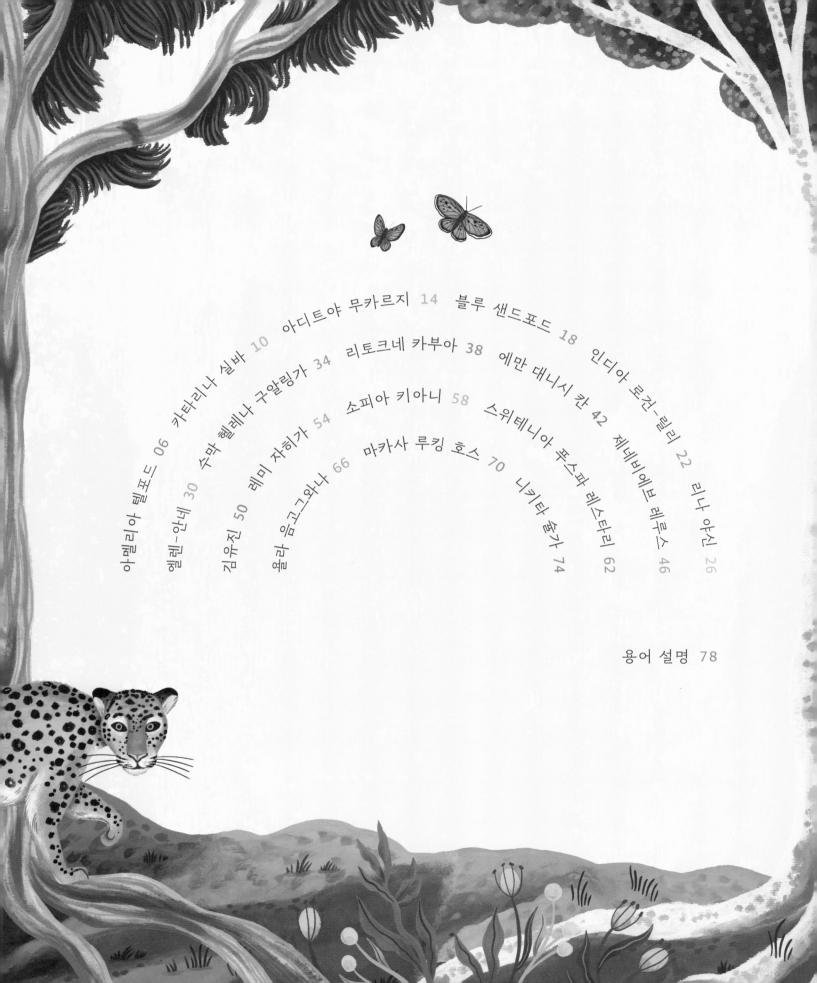

자연이라는 세계에 저는 늘 매혹되었고, 큰 영감을 받았습니다. 어머니와 아버지 덕분에 제 어린 시절은 푸른 숲과 졸졸 흐르는 시냇물, 야생화가 만발한 들판과 바닷가의 캠핑으로 가득 찰 수 있었습니다. 자연환경을 존중하고 보호해야 한다고 배웠고, 운 좋게도 전 세계를 여행하며 경이로운 경험들을 할 수 있었습니다. 그리고 이 여행을 통해 세계가 직면해 있는 위협을 진심으로 이해하기 시작했습니다.

아마존의 정글에서, 저는 이 소중한 숲이 얼마나 많이 파괴되고 있는지 보고 느낄 수 있었습니다. 우리를 둘러싸고 있는 이 아름답고 경이로운 생태계와 그 안에서 살고 있는 생물들이 얼마나 큰 위험에 처해 있는지 직접 보며 마음이 아팠습니다. 눈부시도록 황홀한 홍해의 산호초 사이를 헤엄쳐 다니면서, 저는 지구온난화로 인해 바다 생태계가 무너지고 있는 현장을 목격했습니다. 탄자니아에서는 삼림 벌채가 어떤 결과를 가져오고 있는지를 보았습니다. 나무들이 불타 없어지고 흙이 완전히 말라버려 식물들이 자랄 수 없게 되자, 사람들은 굶주림을 피하기 위해 고향을 떠나야만 했습니다. 이집트에서 칠레, 파키스탄에서 영국에 이르기까지, 전 세계가 변하고 있었습니다. 저는 몹시 걱정스러웠습니다.

지구라는 행성은 완벽한 균형을 이루며 작동하고 있으며, 우리 모두는 그 안에서 서로 밀접하게 연결되어 있습니다. 나무에는 시가 있고, 바다에는 비밀이, 바람결에는 노래가 있습니다. 하지만 지난 수백 년 사이, 우리 대부분은 그것들을 듣는 방법을 잊어버렸습니다. 우리를 품어주고 보호해주는 자연과의 접촉을 소홀히 하면서, 인간은 본래의 균형을 무너뜨리고 엄청난 피해를 입혔습니다. 하지만 동물과 식물이 멸종하고 해수면이 급격히 상승하며 기후가 급변하는 중에도, 사정이 아무리 절박해도, 희망은 결코 사라지지 않는다고 자연은 우리에게 가르쳐주고 있습니다. 이 책 속에는, 자신이 원하는 변화를 직접 만들기로 결심한, 열여덟 명의 진취적인 청년들이 소개되어 있습니다. 수많은 작은 물방울들이 함께 일어날 때 생겨나는, 도저히 막을 수 없는 힘 센 파도처럼, 저는 이 청년들의 마음과 목소리와 행동 속에서 더 나은 미래로 나아갈 수 있다는 희망을 갖게 되었습니다.

세상의 모든 빗방울과 곤충과 나뭇잎이 저마다의 생태계에서 특별하고 중요한 역할을 하듯, 여러분 역시 그렇습니다. 우리에겐 저마다 자신만의 특별한 마음과 생각과 아이디어, 그리고 능력이 있습니다. 각자의 자리에서 이 물결에 합류해, 우리 모두의 집을 지키기 위해 함께 싸우지 않겠습니까?

히바 누르 칸

아멜리아 텔포드

아멜리아 텔포드는 오스트레일리아 뉴사우스웨일스 주 북부의 태평양 연안에 위치한 트위드 헤드에 살고 있습니다. 아멜리아는 아주 오래전부터 숲이 울창한 트위드 밸리에서 살아온 토착 원주민인 분달룽 족 출신입니다. 기후변화 때문에 어떤 일들이 벌어지고 있는지를 직접 지켜본 아멜리아는 목소리를 내기로 결심했습니다. 그리고 기후변화를 막기 위해 자신이 할 수 있는 일들을 찾기로 했습니다. 오랜 역사 동안 땅을 지키고 보존해온 전 세계 곳곳의 원주민 공동체는 누구보다 큰 타격을 입고 있습니다.

해안가에서 매일같이 바다를 들락거리며 자란 아멜리아는 해수면이 상승하면서 해안선이 바뀌고, 해가 갈수록 커지는 산불 때문에 이 땅이 폐허가 되는 것을 목격했습니다. 부모님에게서 여러 세대에 걸쳐 분달룽 족이 살아온 이 땅을 존중하라고 배워온 아멜리아는 기후변화로 인해 자연이 어떻게 망가지고 있는지를 지켜보면서 기후 활동가가 되었습니다. 토착 원주민들은 해수면 상승의 위협과 혹독한 날씨에 맞서 싸워야 할 뿐 아니라, 신성한 고향 땅이 파괴되는 것 역시 막아야 했습니다. 탐욕스러운 정부와 은행, 화석연료를 이용하는 대기업들은 이 땅에서 석유와 천연가스, 석탄을 함부로 캐내어 돈을 벌고 있습니다.

청년기후단체에 가입한 아멜리아는 기후불평등에 반대하는 파업과 시위에 참여하며, 타인의 행동으로 인해 어느 누구의 집과 땅도 훼손되어서는 안 된다는 믿음을 위해 싸웠습니다. 지구를 위해 싸우는 수천 명의 다른 청년들을 보니 힘이 솟았습니다. 또한 원주민 사회가 다른 사람들만큼 대우받지 못하고 있다는 사실을 알게 된 아멜리아는, 오스트레일리아 최초의 원주민 청년네트워크인 시드Seed를 세웠습니다. 이름처럼, 작은 움직임은 점점 더 큰 운동으로 성장했고, 아멜리아는 이 땅을 아끼고 지켜온 조상들의 중요한 전통을 지키도록 젊은 원주민들을 장려하고 격려했습니다.

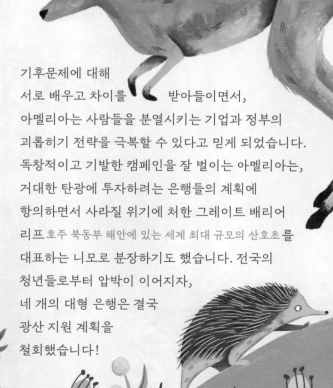

기후문제에 대해 서로 배우고 차이를 받아들이면서, 아멜리아는 사람들을 분열시키는 기업과 정부의 괴롭히기 전략을 극복할 수 있다고 믿게 되었습니다. 독창적이고 기발한 캠페인을 잘 벌이는 아멜리아는, 거대한 탄광에 투자하려는 은행들의 계획에 항의하면서 사라질 위기에 처한 그레이트 배리어 리프호주 북동부 해안에 있는 세계 최대 규모의 산호초를 대표하는 니모로 분장하기도 했습니다. 전국의 청년들로부터 압박이 이어지자, 네 개의 대형 은행은 결국 광산 지원 계획을 철회했습니다!

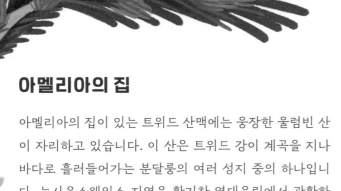

아멜리아의 집

아멜리아의 집이 있는 트위드 산맥에는 웅장한 울럼빈 산이 자리하고 있습니다. 이 산은 트위드 강이 계곡을 지나 바다로 흘러들어가는 분달룽의 여러 성지 중의 하나입니다. 뉴사우스웨일스 지역은 활기찬 열대우림에서 광활한 사막지대, 옅은 모래사장에서 우뚝 솟은 산봉우리까지 다양한 지형이 드넓게 펼쳐져 있습니다.

이 다양한 생태계는 멸종 위기에 처한 무화과앵무, 광택 유황앵무, 혹등고래에서 큰돌고래와 커다란 거북까지, 수많은 경이로운 동물들의 집입니다. 작은 웜뱃과 껑충거리는 캥거루, 꼬마주머니쥐, 물개와 작은 펭귄들 역시 이곳에 살고 있으며, 털북숭이 코알라, 호기심 많은 오리너구리, 반디쿠트, 왕박쥐, 뾰족뾰족 가시두더지와 웃음물총새, 날지 못하는 에뮤, 그리고 희귀종인 자주색구리나비들이 발견되기도 합니다.

세계에서 제일 큰 산호초인 그레이트 배리어 리프는 지구에서 가장 다채롭고 복잡한 생태계의 하나로, 호주 해안에서 조금 떨어져 있습니다. 만타가오리와 뱀상어, 고래상어, 감자바리오스트레일리아 연안에 서식하는 대형 우럭의 일종, 복어, 나비고기, 흰동가리와 쥐돔 등 각종 화려한 생물들이 이 산호초를 집으로 삼고 있으며, 아름다운 산호와 해면동물들이 모여 있는 이곳에서 형형색색의 해파리와 고래, 바다뱀, 그리고 일곱 종류의 바다거북과 함께 희귀종인 듀공도 살고 있습니다.

복잡하고도 부서지기 쉬운 구조물인 산호초는 특정한 조건에서만 살아남을 수 있는데, 기후변화는 이러한 조건들을 크게 바꾸어놓았고, 결국 많은 산호들이 뼈대만 남아 굶주린 채 표백되어가고 있습니다. 2016년 이후 절반이 넘는 산호가 죽어버렸고, 이는 해양생물들에게 연쇄적으로 큰 영향을 미치고 있습니다. 과학자들은 기온이 올라갈수록 오스트레일리아에 산불과 가뭄이 늘어나 결국 인간과 동식물의 생명을 위협할 거라고 예측하고 있습니다.

하지만 아직은 기회가 있습니다. 일조량도 많고 바람도 많이 부는 오스트레일리아는 회복 가능한 에너지를 만들기에 완벽한 지역입니다. 세계의 다른 청년들과 함께, 아멜리아는 오스트레일리아와 지구를 위해 희망차고 조화로운 이야기를 만들어나가고자 합니다.

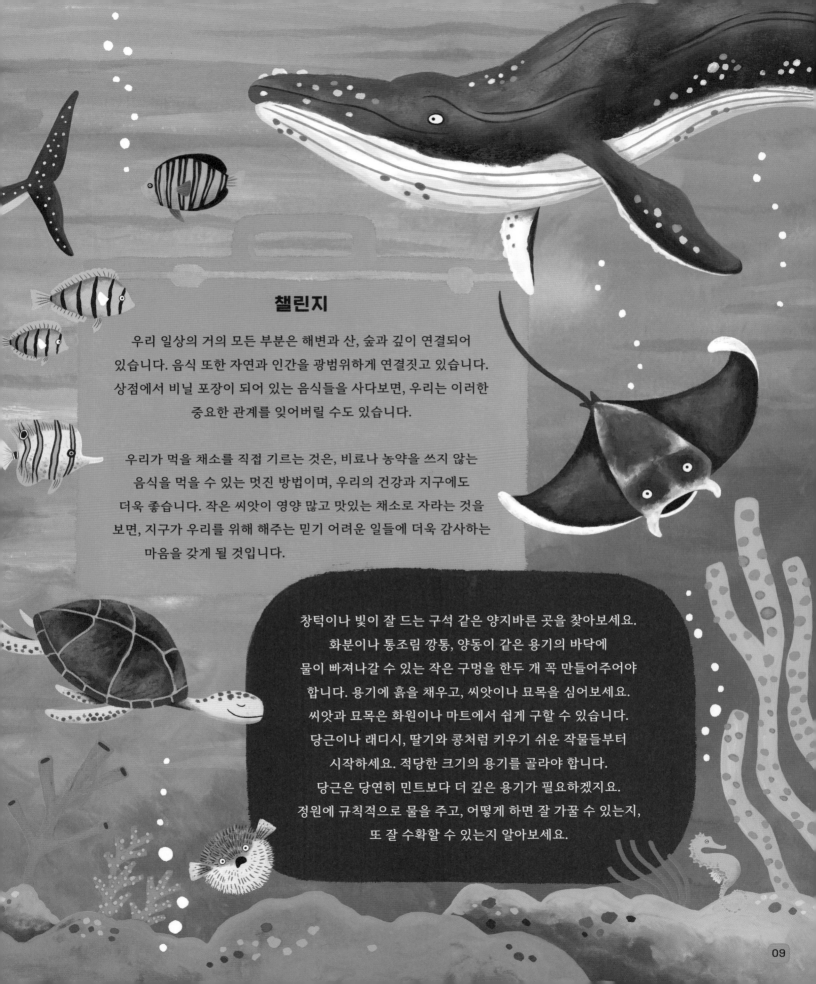

챌린지

우리 일상의 거의 모든 부분은 해변과 산, 숲과 깊이 연결되어 있습니다. 음식 또한 자연과 인간을 광범위하게 연결짓고 있습니다. 상점에서 비닐 포장이 되어 있는 음식들을 사다보면, 우리는 이러한 중요한 관계를 잊어버릴 수도 있습니다.

우리가 먹을 채소를 직접 기르는 것은, 비료나 농약을 쓰지 않는 음식을 먹을 수 있는 멋진 방법이며, 우리의 건강과 지구에도 더욱 좋습니다. 작은 씨앗이 영양 많고 맛있는 채소로 자라는 것을 보면, 지구가 우리를 위해 해주는 믿기 어려운 일들에 더욱 감사하는 마음을 갖게 될 것입니다.

창턱이나 빛이 잘 드는 구석 같은 양지바른 곳을 찾아보세요.
화분이나 통조림 깡통, 양동이 같은 용기의 바닥에
물이 빠져나갈 수 있는 작은 구멍을 한두 개 꼭 만들어주어야
합니다. 용기에 흙을 채우고, 씨앗이나 묘목을 심어보세요.
씨앗과 묘목은 화원이나 마트에서 쉽게 구할 수 있습니다.
당근이나 래디시, 딸기와 콩처럼 키우기 쉬운 작물들부터
시작하세요. 적당한 크기의 용기를 골라야 합니다.
당근은 당연히 민트보다 더 깊은 용기가 필요하겠지요.
정원에 규칙적으로 물을 주고, 어떻게 하면 잘 가꿀 수 있는지,
또 잘 수확할 수 있는지 알아보세요.

카타리나 실바

카타리나 실바는 칠레의 파타고니아 안데스 산맥에 자리한 비야 오히긴스라는 작은 마을에서 자랐습니다. 눈부시게 반짝이는 청록색 호수와 거대한 빙하, 우뚝 솟은 산들에 둘러싸여 자라면서, 카타리나는 어린 시절부터 자연에 대한 깊은 존경심을 키워왔습니다. 자유시간의 대부분을 집 근처의 숲과 호수에서 보내면서 자연과 밀접하게 교류해온 카타리나는 기후변화의 영향을 눈앞에서 직접 지켜볼 수 있었습니다.

마을 바로 옆에 있는 오히긴스 호수는 남아메리카에서 가장 깊은 호수입니다. 어렸을 적 아빠와 함께 자주 배를 타고 호수로 나가곤 했던 카타리나는 저 멀리까지 펼쳐져 있는 눈부시게 푸른 빙하들에 깜짝 놀랐습니다. 열 살 때는 처음으로 빙하 위를 걸어보기도 했습니다. 매년 추운 겨울이면 카타리나는 무릎까지 쌓인 눈을 헤치며 걷곤 했는데, 언제부터인가 조금씩 눈이 적게 내리더니 마침내 눈이 거의 내리지 않게 되었습니다. 변하는 것은 날씨만이 아니었습니다. 얼마 지나지 않아 카타리나는 거대한 빙하가 푸른 호수 속으로 녹아들며 크기가 줄어들고 있다는 사실을 알아차렸습니다.

웅장한 빙하가 줄어들고, 눈이 거의 내리지 않게 되자, 카타리나는 지구의 온난화를 최대한 늦추기 위해 행동할 필요가 있음을 깨닫게 되었습니다. 남아메리카의 70명의 다른 청년들과 함께, 카타리나는 '변화를 위한 1000가지 행동1000Actions for Change'이라는 기후 챌린지를 시작했습니다. 나무를 심고 플라스틱 사용을 줄이는 등 지구를 보호하기 위한 여러 방법을 젊은이들에게 알려주고 장려하기 위한 운동이었습니다.

과학시간을 아주 좋아했던 카타리나는, 지역의 생물학자들이 열었던 워크숍에 참가한 후 양서류에 푹 빠졌고, 과학자들을 도와 이 지역의 숲을 탐사하기 시작했습니다. 학교에 다니면서도 카타리나는 인간의 활동 때문에 개체수가 급격히 감소하고 있는 연약한 개구리의 숫자를 세고, 크기를 재고, 사진을 찍었습니다. 과학 연구에 기여하는 것은 보람있는 일이었습니다. 카타리나는 지구에 대한 학습의 중요성을 알리고 자신의 열정을 공유하기 위해 시골 지역의 어린이들을 위해 과학 워크숍을 열었습니다.

카타리나의 집

아르헨티나와 칠레에 걸쳐 있는 파타고니아는 서쪽으로는 태평양, 동쪽으로는 대서양과 접해 있습니다. 담청색의 호수 위로 천천히 움직이는, 숨이 멎을 듯 아름다운 거대한 빙하들 외에, 카타리나가 사는 지역에는 광활한 초원과 울창한 열대우림도 있습니다. 이곳은 온갖 야생동물들의 집이기도 합니다.

낙타와 라마의 사촌인 속눈썹이 긴 과나코는 파타고니아 전역에서 만날 수 있습니다. 세상에서 가장 큰 날짐승인 안데스콘도르 역시 이 지역 토착종인데, 목도리를 두른 듯 목덜미에 흰 솜털이 나 있는 이 새는 70년이 넘게 살 수 있습니다. 모랫빛의 영리한 파타고니아퓨마부터 소금사막이나 소다호수에서 발견되는 핑크색 홍학까지, 이 지역의 수많은 멋진 동물들이 환경오염과 밀렵으로 인해 멸종 위기에 처해 있습니다. 이곳의 바다는 신기하게 생긴 코끼리바다물범과 재주를 잘 부리는 흰배낫돌고래, 네 종류의 고래와 여러 펭귄들의 집이기도 합니다.

> 카타리나는 인간은 언제나 자연과 균형을 이루어야 하며, 환경이 돈보다 훨씬 더 중요하다고 생각합니다.

카타리나는 인간은 언제나 자연과 균형을 이루어야 하며, 환경이 돈보다 훨씬 더 중요하다고 생각합니다. 양서류를 이해하고 보존하려 애쓰면서 카타리나는 이 자연계가 얼마나 연약하고 망가지기 쉬운지를 알게 되었습니다. 어떤 개구리는 사람들이 만지기만 해도 죽을 수도 있습니다. 건물이나 공해는 말할 것도 없습니다. 연약한 생물종들을 보호하기 위해, 카타리나는 이 지역에 발전소를 지으려는 회사에 맞서 동료들과 시위를 벌였고, 결국 발전소의 건립을 막고 동물들과 이들의 집을 지켜냈습니다.

챌린지

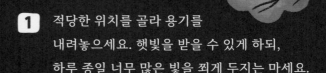

한때 각종 양서류의 서식지였던 수많은 연못과 자연 공간은 인간들이 도시와 마을을 지으면서 사라져버렸습니다. 이것은 많은 생물종들이 멸종에 가까워졌다는 뜻이기도 합니다. 멸종 위기의 동물들이 살아남도록 돕는 가장 좋은 방법 중의 하나는, 야생동물들을 위해 작은 연못을 만드는 것입니다. 연못은 설거지통 정도로 작아도 되며, 만들기도 어렵지 않습니다.

여러분의 작은 연못은, 개구리와 두꺼비, 작은 도마뱀들, 잠자리와 실잠자리, 새들과 다른 동물들을 도울 수 있습니다.

준비물 :

- 서리와 누수가 방지되는 물을 담을 수 있는 용기 (크고 튼튼한 샐러드볼도 좋습니다)
- 자갈이나 돌멩이 혹은 조약돌
- 물속에서 잘 자라는 작은 연못 식물들
- 그리고 어른의 도움이 필요합니다.

1 적당한 위치를 골라 용기를 내려놓으세요. 햇빛을 받을 수 있게 하되, 하루 종일 너무 많은 빛을 쬐게 두지는 마세요.

2 돌멩이나 벽돌, 통나무를 이용해 연못 가장자리에 야생동물들이 들어가고 나올 수 있는 길을 만들어주세요. 일종의 디딤돌이에요. 동물들이 그 안에 갇히거나 빠져서는 안 됩니다.

3 용기가 새는 곳은 없는지 확인한 후, 바닥에 자갈이나 작은 돌을 층층이 쌓아주세요.

4 가래풀이나 물냉이 같은 작은 야생식물들을 조금 심고 자갈로 고정시켜주세요. (연못 식물에 대해서는 원예용품점에 문의하세요.)

5 용기 안에 큰 돌멩이들이 얼마나 있는지, 작은 돌들은 충분한지 확인하세요. 용기의 안쪽 벽이 너무 가파르거나 미끄러우면 개구리와 도마뱀이 빠져나오기가 힘이 듭니다.

6 이제 연못을 채우면 됩니다. 수돗물에는 화학물질이 많이 녹아 있으므로, 빗물이 가장 좋습니다.

개구리, 두꺼비, 작은 도마뱀 같은 양서류는 땅 위에서도 물속에서도 살 수 있습니다. 얇은 피부를 통해 숨을 쉬는 냉혈동물로, 오염에 매우 민감한 양서류는 남극 대륙을 제외한 모든 대륙에서 발견되지만, 그 수가 급격히 줄어들고 있습니다.

이제 야생동물들이 새 연못에서 탐험을 시작할 때까지 기다려주세요. 처음 몇 달은 잡초나 녹조류를 직접 치워주어야 할 수도 있지만, 시간이 지나면 이 작은 연못에 살게 된 야생동물들은 제 집을 직접 청소할 거예요.

아디트야 무카르지

아디트야 무카르지는 뉴델리 바로 남쪽, 인도 북부 야무나 강의 서쪽에 있는 도시 구르가온에서 살고 있습니다. 도시에 넘쳐나는 쓰레기 더미에 대해 멘토와 이야기를 나누던 아디트야는, 점점 더 사용이 늘어나고 있는 일회용 플라스틱을 어떻게 줄일 수 있을까, 고민하기 시작했습니다.

어느 날, 아디트야는 인터넷에서 거북의 코에 박힌 플라스틱 빨대를 조심조심 빼내는 수의사들의 영상을 보았습니다. 거북의 고통이 너무나 놀랍고도 슬펐던 아디트야는, 우리가 사용하는 플라스틱 쓰레기들이 동물들의 세계를 얼마나 해치고 있는지 더 알아보기로 했습니다.

종이 빨대 역시 충분히 유용하므로, 꼭 플라스틱 빨대를 쓸 필요가 없었습니다. 더 좋은 것은 물론 빨대 없이 바로 컵을 쓰는 것이었지요. 주사기나 반창고 같은 의약품에 사용되는 것들 외에는, 일회용 플라스틱은 해로운 점이 훨씬 많은데다 다른 것으로 쉽게 대체될 수 있습니다.

근처의 레스토랑과 카페와 호텔을 찾아다니기 시작한 건 아디트야가 열세 살 때였습니다. 이후 18개월 동안 아디트야는 기업가들에게 그들의 사업 때문에 결국 다음 세대가 고통받게 될 거라고 설명했습니다. 지금 우리에게는 큰 영향이 없더라도 말이에요. 아디트야는 기업들에게 빨대와 테이크아웃 박스, 커트러리와 봉투 같은 플라스틱 제품 사용을 멈추고, 친환경제품으로 바꾸어 쓰도록 설득했습니다. 다행히도 기업가들 대부분이 이 제안을 받아들여주었습니다.

놀랍게도, 아디트야는 구르가온에서 2,600만 개의 플라스틱 빨대와 다른 많은 일회용 플라스틱 제품들을 없앨 수 있었습니다. 플라스틱 사용을 줄이면, 플라스틱 쓰레기를 줄일 뿐 아니라 제품 생산에 필요한 화석연료의 사용까지 줄인다는 사실은 아디트야를 더욱 열심히 하게 만듭니다. 전 세계의 젊은이들과 함께 지구를 위한 기후파업에 참여하고 있는 아디트야는, 대기업에 초대받아 플라스틱 쓰레기를 줄이기 위한 강연을 하기도 합니다.

아디트야의 집

인도의 수도 뉴델리 바로 외곽에 위치한 구르가온은, 세계에서 인구밀도가 가장 높은 도시 중의 하나입니다. 넓고 평평한 지역에 발달한 도시들을 가로막는 것은, 굽이치는 야무나 강과 저 오랜 아라발리 산맥에서 뻗어나온 구릉지대인 델리 리지뿐입니다. 이 지역에는 매년 몇 달씩 집중 폭우가 쏟아져서, 건조하고 메마른 날씨와 열대기후가 번갈아 나타납니다.

구르가온이 속해 있는 하리아나 지역은 완만하게 이어진 모래언덕과 높고 낮은 초원지대가 드넓게 펼쳐져 있습니다. 이곳에는 살금살금 표범에서 육식동물인 몽구스, 화려한 공작과 아시아에서 가장 큰 영양에 속하는 닐가이까지, 수많은 야생동물이 살고 있습니다. 희귀한 표범들, 날카롭게 울부짖는 줄무늬하이에나, 뿔이 긴 친카라, 천방지축 붉은털원숭이와 가시들이 삐죽삐죽한 산미치광이(호저), 매력적인 흑갈색의 인도영양도 이 지역에 살고 있으며, 하늘에서는 종종 희귀한 홍대머리황새, 시끄럽게 떠들어대는 코칼, 보랏빛 태양조, 알록달록한 장미목도리앵무도 볼 수 있습니다.

뉴델리는 시민들의 호흡에 영향을 미칠 정도로 심각한 대기오염에 시달리고 있습니다. 숲이 파괴되고 도시가 건설될수록, 더 많은 동물들이 집을 잃습니다. 동물들의 개체수가 크게 줄어들고, 피난처를 찾는 동물들이 도시에 나타날 수도 있습니다. 거리에서 어슬렁거리는 표범이나 퓨마와 맞닥뜨리게 될지도 모르는 것입니다.

인도의 미래를 위해 싸우고 있는 아디트야는, 다음 세대에는 더 나은 세상을 남겨주어야 한다고 생각합니다. 그러기 위해서는 한 사람 한 사람이 각자의 역할을 해야 합니다.

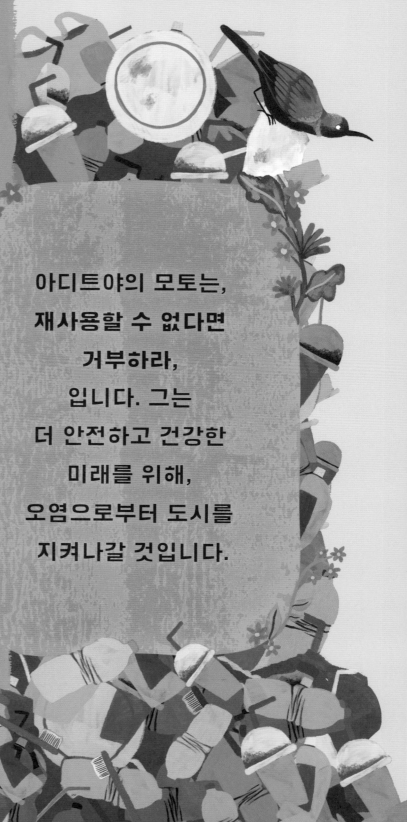

아디트야의 모토는, 재사용할 수 없다면 거부하라, 입니다. 그는 더 안전하고 건강한 미래를 위해, 오염으로부터 도시를 지켜나갈 것입니다.

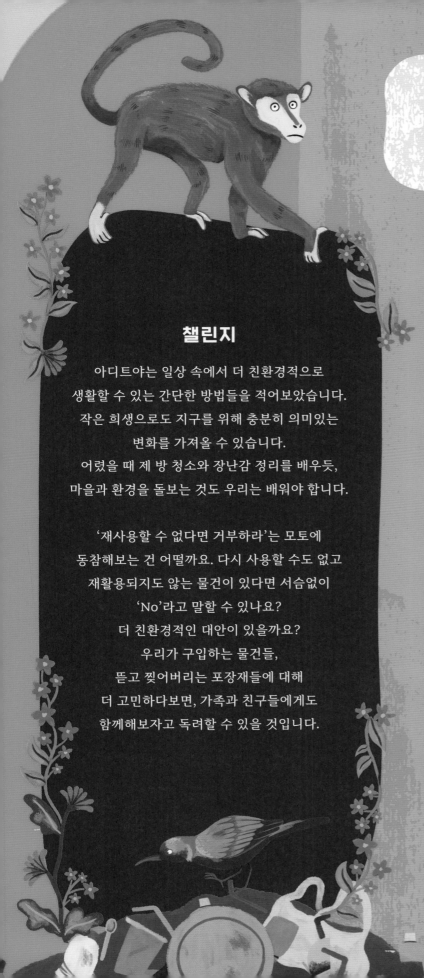

NO, 라고 말해요…

NO, 라고 말해요 플라스틱으로 만든 샴푸 통과 보디워시 통 대신 고체로 된 샴푸바와 샤워바를 사용해요.

NO, 라고 말해요 쇼핑을 갈 땐, 비닐 포장재를 쓰는 대신 장바구니를 들고 가요.

NO, 라고 말해요 플라스틱 물병 대신, 텀블러를 들고 다녀요.

NO, 라고 말해요 샌드위치를 포장할 땐 비닐랩이나 플라스틱 용기 대신 밀랍랩을 사용해요.

NO, 라고 말해요 플라스틱 포크와 스푼, 컵 대신 재사용이 가능한 개인 식기를 이용해요.

NO, 라고 말해요 플라스틱 식품 포장은 하지 않아요.

NO, 라고 말해요 쓰레기를 함부로 버리지 않아요. 언제나 세심하게 분류하고 재활용해요.

NO, 라고 말해요 반짝이는 포장지 대신 날짜 지난 신문이나 천을 이용해요.

NO, 라고 말해요 풍선은 자연분해가 되지 않고, 재활용할 수도 없어요. 풍선이 그대로 하늘로 올라갔다가는 바닷속 거북이나 물고기들을 죽일 수도 있어요.

NO, 라고 말해요 플라스틱 빨대 대신 컵에 입을 대고 마시거나 개인 금속 빨대를 가지고 다녀요.

챌린지

아디트야는 일상 속에서 더 친환경적으로 생활할 수 있는 간단한 방법들을 적어보았습니다. 작은 희생으로도 지구를 위해 충분히 의미있는 변화를 가져올 수 있습니다. 어렸을 때 제 방 청소와 장난감 정리를 배우듯, 마을과 환경을 돌보는 것도 우리는 배워야 합니다.

'재사용할 수 없다면 거부하라'는 모토에 동참해보는 건 어떨까요. 다시 사용할 수도 없고 재활용되지도 않는 물건이 있다면 서슴없이 'No'라고 말할 수 있나요? 더 친환경적인 대안이 있을까요? 우리가 구입하는 물건들, 뜯고 찢어버리는 포장재들에 대해 더 고민하다보면, 가족과 친구들에게도 함께해보자고 독려할 수 있을 것입니다.

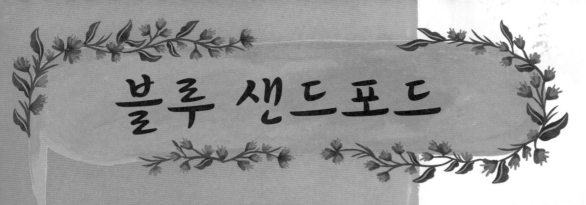

블루 샌드포드

블루 샌드포드는 복잡한 영국의 수도 런던과 스코틀랜드 해안가에서도 멀리 떨어진 작은 외딴 섬 고메트라에서 자랐습니다. 인터넷, 전기, 온수, 자동차 없이 스코틀랜드의 농장에서 사는 삶은 대도시의 소음과 공해 속에서 지내는 삶과는 아주 많이 다릅니다. 인적이 닿지 않은 자연과 어지러운 도시, 이렇게 매우 다른 두 지역에서 생활한 경험은, 블루에게 기후위기에 대한 특별한 관점을 가지게 해주었습니다. 자연과 깊이 연결되어 있는 블루는 환경을 보호하기 위해 자신이 할 수 있는 일을 찾고 싶었습니다.

블루의 아버지는 친환경적인 삶을 위해 싸우는 환경운동가입니다. 최대한 탄소발자국을 줄이려 애쓰는 그는 화석연료의 사용을 줄이기 위해 런던에서 고메트라까지, 비행기를 타는 대신 자전거와 기차와 페리 호와 버스를 타고, 작은 배의 노를 직접 젓습니다. 853킬로미터의 이 여정은 무려 13시간이나 걸립니다.

고메트라 섬에서 블루는 환경이 위협받는 것을 직접 보았습니다. 해변에 밀려들어온 플라스틱 더미를 본 블루는 아버지와 함께 잔인하고 해로운 연어양식장 건립에 반대하는 시위에 참여했습니다. 아버지는 기후활동 캠페인을 벌이는 멸종반란 활동가 그룹을 소개해주었고, 블루는 이 모임과 함께 시위를 이어나갔습니다.

정치인들은 기후변화가 가져올 재난에 대한 과학자들의 경고를 완전히 무시했고, 블루는 크게 좌절했습니다. 재앙을 피하고 피해를 복구할 시간이 없었습니다. 2050년까지 50억 명의 사람들이 물 부족 현상을 겪을 것이라 예측한 UN 보고서를 읽고 블루는 큰 충격에 빠졌습니다. 당장 행동해야 했습니다. 기후운동에 주의를 기울이지 않는 정치인들에게 보다 과감하게 항의할 필요가 있었습니다. 블루는 기후파업을 위해 고등학교를 그만두고 혼자 공부하기로 결심했습니다. 어려운 결정이었지만, 기후변화에 대해 더 깊이 공부하면서, 블루는 정치적인 변화를 위한 캠페인을 계속해나갔습니다. 블루는 '챌린지의 모든 것'이라는 십대를 위한 환경책도 썼습니다.

블루의 집

고메트라는 스코틀랜드 서부 울바 섬에서 조금 떨어져 있습니다. 총 면적이 2제곱마일이 채 안 되는 고메트라는, 영국에서 가장 외진 지역 중의 한 곳입니다. 거의 대부분이 야생 그대로인 이 지역에 살고 있는 사람은, 최근 몇 년간 6명 정도가 전부입니다. 저 끝 바람이 몰아치는 해변을 지나면, 섬의 대부분은 헤더의 보라색 꽃이 뒤덮고 있는 구릉지대입니다. 울바 섬으로 가려면 다리를 하나 건너야 했는데, 이 길은 걸어서 2시간 정도가 걸립니다.

고메트라에는 스코틀랜드에서 가장 몸집이 크고 뿔이 멋진 붉은사슴, 수줍음이 많은 고슴도치 같은 야생동물들이 살고 있으며, 흰꼬리산토끼와 회색바다표범, 개구리와 나비들도 이 섬에 살고 있습니다. 송골매와 검은독수리, 흰꼬리독수리, 바다제비와 검은부리아비가 다른 희귀한 새들과 함께 하늘을 날아다니고, 참돌고래와 큰돌고래, 밍크고래와 돌묵상어, 쥐돌고래 외에 수달도 바닷속을 헤엄쳐 다닙니다.

그런데 고메트라의 동물들이 급격히 줄어들기 시작했고, 블루와 가족은 이미 극단적인 이상기후를 경험하고 있었습니다. 과학자들은 해수면 상승으로 인해 울바로 가는 유일한 다리는 물론이고 섬의 저지대에 있는 초원들이 모두 물에 잠길 거라 예측했습니다. 이 섬에 기후비상사태를 선포하기 위해 애써온 블루의 아버지는, 해수면 상승으로 인해 이미 가라앉고 있는 전 세계의 다른 섬들과 연대하며, 이곳에 '희망의 섬'이라 이름 붙였습니다. 2025년까지는 탄소중립을 달성해야 합니다. 블루와 아버지는 기후비상사태라는 현실을 전 세계에 알리고 이를 위한 긴급행동을 촉구하는 일에 계속해서 헌신하고 있습니다.

**2025년까지는
탄소중립을
달성해야 합니다.**

챌린지

고메트라는 다른 나라에 비해 거의 오염되지 않은
곳입니다. 이 섬에는 건물도 차량도 거의 없습니다.
주변에는 오직 땅과 날씨와 바다와 야생동식물뿐이기 때문에,
이곳에서는 자연의 변화를 더 많이 느낄 수밖에 없습니다.
자연과 떨어진 채, 대부분의 시간을 실내에서 또 빌딩과
자동차로 둘러싸인 도시에서 지내다보면
자연에 대해서는 쉽게 잊어버리게 됩니다.

자연에 둘러싸여 지내는 것은 커다란 특권입니다.
우리 대부분은 블루가 경험한 이런 특권을 거의 누려볼 수
없습니다. 야생의 즐거움과 경이를 집과 도시에서
느낄 수 있는 한 가지 멋진 방법은 식물을 통한 것입니다.
야외공간이 조금만 있어도 정원을 만들 수 있고,
발코니나 창가에 화분을 둘 수도 있습니다.
야생화를 들이면 벌, 나비를 포함한 여러 곤충들에게
소중한 생명줄이 될 수 있을 뿐 아니라,
한층 더 밝은 공간을 만들어줍니다.

공 모양으로 뭉쳐져 있는 씨앗폭탄을 심으면
나중에 멋진 꽃망울을 피울 수 있습니다.
씨앗폭탄은 원래 풀이 자라지 않는 빈터나
길가의 가장자리, 사용하지 않는 놀이터 같은
버려진 땅을 야생으로 되돌리려는
'게릴라 가드너'*들이 만든 것이었습니다.
씨앗폭탄은 만드는 과정도 매우 재미있는데다,
친구들과 가족들에게 멋진 친환경 선물이 되고,
빈 공간에 생명을 불어넣어줄 수 있습니다.

* 게릴라 가드닝: 게릴라(기습적인 행동)와 가드닝(정원
가꾸기)의 합성어로, 도심 속 방치된 공간에 게릴라처럼
몰래 꽃과 나무를 심어 가꾸는 환경개선운동입니다.

씨앗폭탄!

1 야생화 씨앗 한 컵에 퇴비 다섯 컵, 식토나
점토가루 세 컵을 그릇에 넣고 섞어주세요.
모두 원예용품점에서 구할 수 있습니다.

2 내용물이 끈적하게 서로 섞여들 때까지
천천히, 조금씩 물을 넣어주세요.

3 지름 1센티미터 정도의 공 모양이 되도록
내용물을 잘 뭉쳐주세요.

4 이 작은 공들이 단단해지도록
하루나 이틀 정도 잘 말려주세요.

5 공들이 단단해지면, 화분이나 야외의 흙에
놓을 준비가 된 것입니다.
자주 물을 주고, 충분한 빛을 쬐어주면
3주 안에 뿌리가 나고 싹이 트기 시작할 거예요.

인디아 로건-릴리

인디아 로건-릴리는 뉴질랜드 북섬 동해안의 하우모아나에 살고 있습니다. 과학자들은 기후변화와 해수면 상승으로 인해, 인디아의 마을이 곧 물속에 잠길 거라고 예측하고 있습니다. 이러한 참상을 막고 섬의 권리를 지키기 위해, 인디아는 열정적으로 싸우고 있습니다.

인디아의 지역사회는 최근 몇 년 동안 길고 심각한 가뭄과 집을 떠나야 할 정도로 큰 산불을 겪었습니다. 한때 비옥했던 땅은 이제 과일과 야채를 재배하기 어려운 땅이 되었습니다. 게다가 지금까지 이들에게 많은 양식을 제공해준 바다가 최근 따뜻해지면서 물고기들이 시원한 물을 찾아 더 깊은 바닷속으로 이동하고 있었습니다.

이제 이들은 작은 배로는 위험한데도 불구하고 물고기를 잡기 위해 더 먼 바다로 나아가야 합니다. 하지만 무엇보다 큰 걱정은, 거세게 부서지는 파도와 높아지는 해수면에 잠식되어 사라져가는 해안선입니다.

이 지역의 원주민인 마오리 족 출신인 인디아는 역사 속으로 사라지고 파괴된 마오리 족의 문화유산을 보존하고 돌보는 데 열정을 쏟으며 공부하고 있습니다. 마오리 족의 전통에 따르면, 우리 인간은 지구가 준 선물들을 소중히 여기고 지켜나가야 합니다. 자연에 대한 인디아의 관심과 걱정은 결국 지구를 위해 함께 싸우는 마오리 족 청년들의 단체를 만들게 했습니다. 단체의 이름은 마오리어로 '일어나다, 깨어나다'라는 뜻을 담고 있는 '테 아라 와투Te Ara Whatu'입니다.

원주민 사회는 허락 없이 땅과 물 같은 자연자원을 빼앗기고 있습니다. 인디아는 기후변화에 맞서 싸우려면 마오리 족이 가지고 있는 자연에 대한 지혜와 지식이 반드시 필요하다고 생각했습니다. 그의 단체와 함께, 인디아는 원주민 사회에 이들의 권리와 자연을 돌려줄 것을 요구하는 캠페인을 벌이고 있습니다. 원주민들이 스스로를 보호하고, 그들에게 큰 타격을 주고 있는 환경의 변화에 적응할 수 있는 진정한 기회를 가질 수 있도록 말입니다.

인디아의 집

인디아의 집은 투키투키 강에서 약간 남쪽에 위치한 호크스 베이의 작은 마을에 있습니다. 케이프 코스트의 관문으로 유명한 이 지역의 울퉁불퉁한 해안선 안쪽으로는 과수원과 호수와 습지가 있습니다. 하지만 해안가 마을의 끝, 해안 절벽과 조약돌 해변으로 거세게 부딪쳐오는 파도는 100년 안에 이 지역을 아무도 살지 못하는 곳으로 만들 수도 있습니다.

태평양이 뉴질랜드 북섬과 만나는 이곳에서는 키가 25센티미터가 겨우 넘는 쇠푸른펭귄과 뉴질랜드물개들이 해안을 따라 발견됩니다. 몸집이 매우 작은 희귀종인 마우이돌고래를 포함해 9종의 다양한 돌고래들이 바닷속을 헤엄쳐 다니다가 물 위로 높이 뛰어오르고, 청백돌고래와 더스키돌고래, 짧은부리참돌고래 사이로 독특한 회색빛의 헥토르돌고래 역시 이곳 바다를 헤엄쳐 다닙니다. 이 지역은 돌고래과에 속하는 거두고래와 범고래의 서식지이기도 합니다.

세계에서 가장 큰 동물인 대왕고래를 포함해서, 뉴질랜드에서는 고래 종의 거의 절반이 발견되고 있습니다. 노래하는 혹등고래, 등지느러미가 없는 남방참고래, 그리고 압도적인 외관의 향유고래(향고래)는 이 지역에서 발견되는 놀라운 해양 포유동물들 중의 일부입니다. 날지 못하는 키위새와 알바트로스, 세계에서 가장 큰 부비새 군락지 역시 이 지역에 있으며, 희귀 파충류인 투아타라와 로봇 소리를 내는 검은 투이새 같은 야생동물도 있습니다.

지구상에 남아 있는 생물다양성의 80퍼센트 이상이 이 원주민의 땅에서 발견되고 있습니다. 이것은 지구와 밀접하게 연결되어 있는 이들의 전통적인 삶의 방식이 우리의 지구를 가장 잘 보호하고 있다는 사실을 알려줍니다. 인디아는 자신의 지역사회가 주어진 환경을 존중하면서 지나치게 많은 것을 취하지 않고 그 안에서 살아가는 방법을 안다고 생각합니다. 바로 이것이 인디아가 기후위기에 대한 논의에서 무시되고 있는 원주민의 목소리와 참여를 위해 싸우게 하는 동기입니다.

전 세계 생물다양성의 80퍼센트 이상이 이 원주민의 땅에서 발견됩니다.

챌린지

회색과 흰색의 나그네알바트로스는 뉴질랜드에서 가장 큰 멸종 위기의 바닷새입니다. 과학자들은 종종 참치 낚싯줄에 걸리기도 하는 이 새들이 20년 안에 지구상에서 완전히 사라져버릴지도 모른다고 경고하고 있습니다. 기후변화는 여러 철새들의 이동경로를 바꾸게 하고, 따뜻해진 바다에서는 새들이 먹이를 찾기가 더 어려워집니다. 또한 나무와 식물이 파괴되면 새들의 집 역시 줄어들게 됩니다. 많은 새들이 지금 멸종 위기에 처해 있는 것입니다.

여러분이 살고 있는 지역에는 어떤 종류의 새들이 있는지 한번 찾아보세요. 새들은 언제 노래하고 또 무엇을 먹나요?

새들은 1년 내내 목욕을 하고 물을 마시며 수분을 유지하고 깃털과 몸을 건강하게 유지해야 합니다. 많은 지역에서, 새들은 이따금 물을 찾기가 어려워졌습니다. 우리는 새들처럼 적은 물로 목욕을 하며 작게나마 도움을 줄 수 있습니다.

준비물:

- 물이 새지 않는, 넓고 얕은 샐러드볼이나 용기 (최대 깊이 10센티미터)
- 돌멩이나 조약돌
- 빗물이나 수돗물
- 볼을 받쳐줄 벽돌이나 통나무

1 새들 눈에 잘 띄되 언제든지 나무나 덤불 속으로 숨어들 수 있도록, 벽돌이나 통나무 4개를 나무나 덤불 근처 개방된 장소에 잘 놓아주세요.

2 얕은 볼을 받침대 위에 잘 놓아주세요. 흔들리거나 움직이지 않도록 잘 고정시켜주어야 합니다.

3 볼이 가벼울 땐 돌멩이를 안에 넣어 고정시켜주세요. 새들이 미끄러지지 않고 발을 디딜 수 있도록 볼 안쪽 경사면에 작은 돌멩이들을 더 놓아주세요.

4 볼에 물을 가득 채우고 새들과 벌들이 다가올 때까지 기다려보아요.

절대 새들의 목욕물에 화학물질이 들어가서는 안 됩니다. 새들에게 해로울 수 있으니까요.
목욕물이 깨끗하게 유지되도록 자주 물을 갈아주세요.
여름에는 물을 자주 채워주고,
겨울에는 얼음을 제거하거나 따뜻한 물로 녹여주세요.

리나 야신

리나 야신이 살고 있는 수단의 수도 하르툼은, 청나일 강과 백나일 강이 합류하는 지점에 있습니다. 아프리카에서 가장 큰 나라 중의 하나인 수단은, 가장 건조하고 가장 사막화된 지역 중의 한 곳이기도 합니다. 기후변화가 이미 자신의 나라에 끔찍한 영향을 미치고 있음을 직접 목격했을 때, 리나는 열다섯 살이었습니다. 그후로 리나는 줄곧 이 지구를 위해 싸우고 있습니다.

사막화란, 토양의 질이 떨어지면서 비옥했던 땅이 사막으로 변화는 과정을 말합니다. 사막화는 기후변화와 삼림 벌채, 과도한 방목과 인구 증가 등의 결과로 나타날 수 있습니다. 사막화는 전통적인 농법과 특별한 식물들을 사용해 땅을 살려낸 사라 투미나 야쿠바 사와도고 같은 사람들에 의해 성공적으로 복원된 바 있습니다.

무시무시한 홍수가 하르툼을 휩쓸었을 때, 리나는 고등학생이었습니다. 이 자연재해로 50만 명의 사람들이 피해를 입었고, 리나는 큰 충격을 받았습니다. 50명이 목숨을 잃었고, 수만 채의 집들이 부서졌습니다. 리나는 하르툼의 복구를 위해 자원봉사에 나섰고, 홍수에 큰 피해를 입은 사람들과의 만남은 리나의 삶을 변화시켰습니다.

기후위기에 대해 공부하면서, 리나는 홍수가 기후변화와 직접적으로 연관되어 있다는 사실을 알게 되었습니다. 기후변화가 잦은 폭우를 불러와 결국 하천이 범람하게 되는 것이었습니다. 이렇게 엄청난 문제가 제대로 논의되고 있지 않다는 현실이 믿기 어려웠습니다. 무언가 해야 했습니다. 리나는 먼저 학교신문에 글을 썼습니다. 기후위기에 대해 알리고, 우리가 어떻게 하면 될지를 밝히는 글이었습니다.

열심히 글을 쓰자 점점 소문이 퍼져, 리나의 이야기가 수단의 몇몇 큰 매체에 소개되었습니다.

지역사회에 알리기 위해 리나는 모국어인 아랍어를 사용했고, 환경과 관련된 코란의 교훈을 이끌어냈습니다. 신의 가르침에 따르면 무슬림은 모든 면에서 지구를 보호하고 존중해야 했습니다. 리나는 믿음과 과학을 연결시켜 이들이 처한 위험에 대해 알리고, 스스로 깨달을 수 있도록 했습니다. 리나는 UN 기후회의에 참여하고 수단에서 환경 워크숍을 열었으며, 지금은 환경 저널리스트로서 글을 통해 전 세계 사람들에게 다가가고 있습니다.

과학자들에 따르면, 기온 상승은 이번 세기 안에 수단을 아무도 살 수 없는 곳으로 만들 것이라고 합니다. 리나는 젊은이들에게, 그리고 지식을 알리고 퍼뜨리는 데 수단의 희망이 달려 있다고 생각합니다.

리나의 집

분주한 도시 하르툼은 우간다에서 흘러들어온 백나일 강과 에티오피아에서 흘러들어온 청나일 강이 만나는 지점에 자리잡고 있습니다. 두 강줄기가 본류로 합쳐져 다시 북쪽의 이집트로 이어지는, 세계에서 가장 긴 나일 강은 다양한 야생동물의 서식지입니다. 무시무시한 나일악어와 몸집이 거대한 하마, 왕도마뱀, 왜가리, 날렵한 자라가 흉폭한 타이거피시와 폐로 숨을 쉬는 특이한 물고기들과 함께 이곳에 살고 있습니다.

수누트 숲은 하르툼 시내에 있는 사바나 지대로, 매년 백나일 강이 범람해 독특한 생태계를 이루고 있습니다. 숲은 시끌벅적한 파타스원숭이 무리의 서식지이며, 핑크색 큰홍학과 후투티와 펠리컨도 이 지역에서 발견되는 다양한 조류의 일부입니다. 환경보호 활동가들은 서식지 감소와 오염으로부터 생물다양성이 넘쳐나는 이 지역을 보호하기 위해 애쓰고 있지만, 도시 한가운데에서 쉬운 일은 아닙니다.

열대사막기후인 하르툼의 북쪽은 광활한 사막이고, 남쪽은 건조한 초원과 사바나 지대입니다. 드넓은 이 지역에는 기린과 치타, 표범, 사자뿐만 아니라 다양한 종류의 영양과 원숭이가 살고 있습니다. 안타깝게도 그중 많은 동물들이 인간의 활동과 밀렵으로 인해 큰 피해를 입고 있습니다.

청나일 강은 장맛비가 쏟아지는 늦여름에 불어나 하르툼에 때때로 홍수를 일으킵니다. 2020년 수단을 덮친 큰 홍수는 이미 심각한 가뭄에 시달린 수천 시민들의 삶을 무너뜨렸습니다. 사막화와 물 부족 현상의 증가는 결국 치명적인 전쟁으로 이어졌고, 수단 다푸르 지역에서 발발한 세계 첫 '기후전쟁'에서는 수십만 명이 목숨을 잃었습니다.

수단을 포함한 아프리카의 일부 지역은 기후변화에 특히 취약해, 수백만 명이 넘는 사람들이 기아와 분쟁에 직면해 있습니다. 지구온난화로 인해 이미 고통받고 있는 사람들의 목소리를 더욱 잘 들리게 하기 위해, 그리고 지구온난화에 맞서려는 움직임들을 지켜내기 위해서는 기후변화에 대한 인식부터 높아져야 합니다. 바로 그 일을 하고 있는 리나는 과학기술을 이용해 기후문제를 해결할 수 있는 환경 엔지니어가 되고자 합니다.

> 사막화는, 토양의 질이 떨어지면서 비옥했던 땅이 사막으로 변화는 과정을 말합니다.

물은 생명의 열쇠입니다.
지구상의 모든 생물은 생존하고 기능하기 위해
물이 필요합니다. 우리 몸의 대부분은 물로 이루어져
있습니다. 물이 없다면 우리는 숨을 쉴 수도,
음식을 소화시킬 수도, 근육을 움직일 수도 없습니다.
우리 몸의 70퍼센트가 물로 이루어져 있는 것과
마찬가지로, 지구 표면의 약 70퍼센트는
물로 덮여 있으며, 그중 96퍼센트가
바다에 있습니다.

기후변화는 지구 자연의 균형을
심각하게 무너뜨리고 있습니다.
믿기 어렵게도 UN은 2025년까지 세계 인구의
3분의 2가 물 부족 현상을 겪게 될 거라
예측하고 있습니다.
리나의 고향에서 일어나는 일들을 보았듯,
전 세계적으로 수백만 명의 사람들이 이미 매일같이
큰 어려움을 겪고 있습니다.

챌린지

깨끗하고 안전한 물을 구할 수 있을 만큼 운이 좋다면,
우리는 물을 소중하게 여기고 아껴야 합니다.
물을 절약하는 몇 가지 간단한 방법을 알아볼까요?

1 이를 닦는 동안 수도꼭지를 잠그면
1분에 6리터의 물을 절약할 수 있습니다.

2 빗물을 모아두었다가 화분에 주세요.

3 샤워 시간을 5분 이하로 줄이면 한 달에
약 20만 리터의 물을 절약할 수 있습니다.
잘 보이는 곳에 시계를 두거나,
좋아하는 노래를 두 번 부르는 동안
샤워를 마쳐보세요.

4 가게에서 주스를 사는 대신 물을 골라보세요.
오렌지주스 한 잔을 만드는 데 약 200리터의 물이
필요합니다.

5 따뜻한 물이 나올 때까지 그냥 흘려버리지 말고
물을 받아두었다가 화분에 주세요.

6 일 주일 정도는 수건을 재사용해보아요.
샤워 후 사용한 수건은 깨끗하니까요.

엘렌-안네

엘렌-안네는 사미 족 출신으로, 저 멀리 북스웨덴 카레수안도의 눈 덮인 마을에 살고 있습니다. 북극권 근방에 위치한 이 지역 사람들은 수세기에 걸쳐 순록을 기르며 살아왔습니다. 부모님은 태어난 지 2개월밖에 안 된 엘렌-안네를 처음으로 순록떼에게 데려갔습니다. 순록 돌보기를 좋아하는 엘렌-안네는 자라서 부모님처럼 순록지기가 되고 싶습니다. 사미 족 아이들은 모두 목축문화와 깊이 연결되어 있습니다. 자연 속에서 순록과 함께하는 삶은 정신적으로도 육체적으로도 몹시 신성하게 여겨집니다.

북극은 다른 지역들보다 두 배나 빠른 속도로 따뜻해지고 있으며, 대대로 내려온 사미 족의 오랜 생활방식은 크게 위협받고 있습니다. 사미 족은 겨울이면 순록과 함께 저지대로 내려갔다가 여름이면 산으로 돌아오는데, 지구 온난화는 이러한 상황을 바꾸어놓았습니다. 녹아서 젖어버린 흙과 눈 때문에 땅이 얼어, 순록들이 살아가는 데 필요한 식물들을 먹을 수 없게 된 것입니다. 이것은 결국, 삶과 전통이 온통 순록에게 달려 있는 사미 족이 살아남기가 어려워지고 있다는 뜻입니다.

이러한 변화들을 직접 겪으며 지역사회의 미래가 염려된 엘렌-안네는 전 세계의 다른 활동가들과 함께 UN에 탄원서를 제출했습니다. 엘렌-안네는 활동가들 중에서 가장 어렸지만, 정부가 기후행동을 취하도록 용감하게 요구했습니다. 기후활동가들은 깨끗한 공기와 땅, 안전과 건강한 어린 시절을 보장하지 못하는 나라들이 얼마나 많은지 강력하게 발언했습니다. 급속도로 더워지는 기후 때문에 큰 변화를 직접 겪은 엘렌-안네는 사미 족의 이야기가 널리 퍼질 수 있도록 목소리를 높이고 있습니다.

다른 원주민 사회와 마찬가지로 사미 족의 목소리는 종종
정부에 의해 무시되곤 했습니다. 엘렌-안네는 자신의 활동
을 통해 상황이 나아지기를 바랍니다.

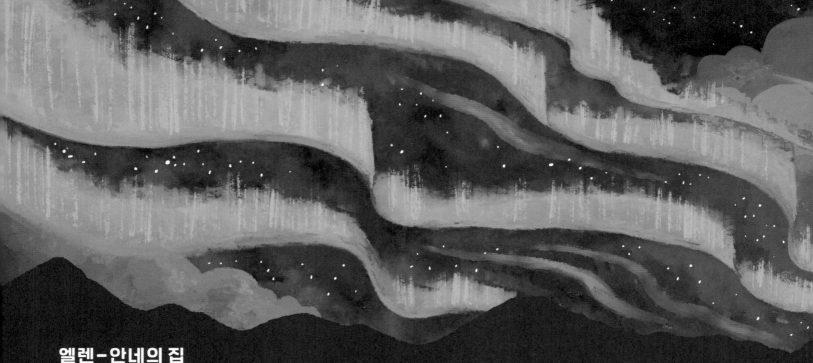

엘렌-안네의 집

사미 족은 노르웨이와 스웨덴, 핀란드, 러시아에 걸쳐 거주하고 있습니다. 엘렌-안네의 집은 광활하게 펼쳐진 초원지대에 있습니다. 두꺼운 눈에 덮여 대지는 온통 하얗고, 원시림에는 초록 이끼가 덮여 있습니다. 눈 덮인 산, 한밤중의 태양, 너울거리듯 펼쳐진 툰드라 지대와 반짝이는 맑은 호수와 거칠게 굽이치는 강줄기가 가득한 땅입니다. 1년 중 몇 달간은 밤하늘에 마술이 펼쳐지듯 푸른색으로 또 초록색으로 시시각각 오로라가 바뀌는 모습도 볼 수 있습니다.

거의 위장을 한 듯 하얀 북극토끼와 북극여우가 눈 속에 숨어 있고, 나무들 사이로 미끄러지듯 하늘다람쥐가 날아다닙니다. 북극의 바다에서는 흰돌고래가 헤엄쳐 다니고, 늑대와 불곰, 순록이 눈밭을 돌아다닙니다. 안타깝게도 기후변화는 이 모든 동물들에 영향을 미칩니다.

고대로부터 북극에서 살아온 사미 족은 목축과 사냥과 낚시를 하며 살아왔습니다. 모두 이들 문화에서 아주 중요한 것들입니다. 사미 족은 다양한 종류의 눈과 식물들에 대해 풍부한 지식을 가지고 있으며, 지혜가 뛰어나고, 순록의 어느 부위도 낭비하는 법이 없습니다. 순록고기를 먹을 때는, 발굽에서부터 가죽과 뼈까지 소중하게 저장하고 남김없이 사용합니다.

지구가 따뜻해지면서, 목자들은 더 오랜 시간 일하게 되었습니다. 가축들이 먹을 풀들을 찾기 위해 며칠이고 쉬지 않고 돌아다녀야 했습니다. 가축들은 이곳저곳 이동할 수밖에 없고, 사람들은 가족을 부양하기 위해 몹시 애쓰고 있습니다. 전례 없는 더위로 산불이 널리 퍼졌고, 사냥과 낚시 같은 전통에도 영향을 미쳤지만, 엘렌-안네와 사미 족은 수천 년 동안 대대로 전해내려온 오랜 문화와 고향을 위해 싸우기로 결심했습니다.

챌린지

사미 족은 순록의 가죽을 구하고 준비하는 데
몇 달을 보냅니다. 가죽을 문질러 깨끗이 닦고,
물에 담갔다가 말린 뒤 손으로 일일이 펴서 늘립니다.
순록의 힘줄은 실처럼 사용하고, 뼈는 아이들의 장난감이나
여러 가지 도구가 됩니다. 가죽으로 가방과 옷을 만드는데,
작은 자투리 하나 버려지지 않도록 합니다.

사미 족은 쓰레기를 거의 만들어내지 않습니다.
그래서 다른 누구보다 탄소발자국이 적습니다.
이러한 지혜들은 사미 족이 지구와 고향을 존중하며 사는
삶에 있어 핵심적인 부분입니다. 매일같이 물건을
사고 버리는 현대의 생활양식은 사미 족만큼
지혜로울 수가 없습니다.

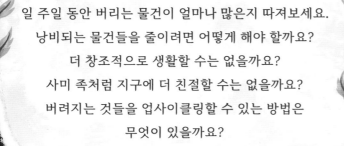

일 주일 동안 버리는 물건이 얼마나 많은지 따져보세요.
낭비되는 물건들을 줄이려면 어떻게 해야 할까요?
더 창조적으로 생활할 수는 없을까요?
사미 족처럼 지구에 더 친절할 수는 없을까요?
버려지는 것들을 업사이클링할 수 있는 방법은
무엇이 있을까요?

이런 업사이클링 아이디어를 시도해보세요!

1 너무 익어 뭉그러진 바나나가 있다면, 버리지 말고
달콤한 바나나빵을 굽거나, 상쾌한 스무디를
만들어보세요.

2 다 먹은 잼병 같은 것들은 그림을 그리거나
장식을 해서 물병이나 연필꽂이, 잡동사니를
넣어두는 용도로 써보세요.

3 다 쓴 화장지 심이나 시리얼 상자를 이용해
미술작품이나 공예작품을 만들어보세요.

4 계란 상자를 이용해 씨앗 키트를 만들어보세요.

5 빈 요거트 용기를 예쁘게 꾸미고 뚜껑에
구멍을 내어서 저금통으로 사용해보세요.

6 정원이나 발코니에 빈 주스 통이나
우유갑을 놓고 새 모이통으로 써보세요.

33

수막 헬레나 구알링가

수막 헬레나 구알링가는 에콰도르 아마존 깊숙한 곳, 사라야쿠에 살고 있는 키치와 족의 원주민 공동체에서 자랐습니다. 어머니의 고향이었습니다. 아버지는 핀란드인이었으므로, 일정 기간 핀란드에서 생활하다가 유럽에서 돌아올 때면 헬레나는 정글 한가운데에 있는 마을이 더 이상 그곳에 없을까봐 두려웠습니다. 기억 속의 마을은 종종 끔찍한 위협 아래 있었습니다.

석유 자원이 풍부하기 때문에, 많은 석유회사와 정부들이 사라야쿠 지역을 손에 넣으려 오랫동안 애써왔는데, 무례하고 폭력적인 이들의 행동은 이 지역에 살고 있는 나무나 동물, 심지어 사람들이 죽어도 개의치 않았습니다.

활동가로 성장한 헬레나는, 아주 어린 시절부터 가족과 함께 시위와 파업에 참여해왔습니다. 헬레나에게는 원주민 사회에서 성장하는 것 자체가 이미 일종의 기후활동이었습니다. 그 안에서 살아남기 위해 끊임없이 싸워야 하니까요. 헬레나 같은 청년에게 어떻게든 이 땅을 해치려는 이들에게서 고향을 지키려는 투쟁은 일상이나 다름없습니다.

헬레나는 탐욕스러운 기업들에게 아무 제재도 하지 못하는 국제기구와 정부에 몹시 실망했습니다. 하지만 헬레나는 낙담하지 않고 오히려 '공해유발기업 아웃Polluters Out' 캠페인을 시작했습니다. 200명이 넘는 젊은 활동가, 과학자, 원주민 사회와 함께한 이 캠페인은 화석연료 사용으로 환경을 파괴하는 기업들에 맞서기 위한 것이었습니다. 활동가로서 지역사회를 위해 꾸준히 목소리를 내면서도 학교 공부를 게을리하지 않은 헬레나는 영어와 키치와어, 스페인어, 스웨덴어와 핀란드어까지 할 수 있습니다.

다른 키치와 족 동료들과 마찬가지로, 헬레나는 자연과 매우 밀접하게 연결되어 있습니다. 헬레나는 수세기 동안 조상들이 살아온 방식대로, 오염과 파괴 없이 인간과 동물, 식물이 완벽한 균형을 이루며 살아가는 '살아 있는 숲'이라는 고대의 사상을 믿고 있습니다.

언젠가 사라야쿠에서 평화로운 삶을 살 수 있을 거라는 희망을 가지고, 헬레나는 모든 생명을 신성하게 여기며 열대우림과 원주민 사회를 보호하기 위해 싸우고 있습니다. 헬레나는 스스로를 '처음으로 봉기한 딸'이라고 부릅니다.

헬레나의 집

헬레나의 집은 굽이굽이 흐르는 보보나조 강둑, 울창한 아마존의 숲속에 있습니다. 보보나조 강은 길게 이어진 무성한 정글을 지나 페루의 아마존 강과 합쳐지는데, 사라야쿠의 마을들은 너무 멀리 떨어져 있어서 카누나 작은 비행기를 이용해야만 갈 수 있습니다.

아마존 정글의 생물다양성의 3분의 1은 에콰도르에서 찾을 수 있습니다. 거대한 나무들 중에는 키가 40미터나 되는 것들도 있습니다. 파란색과 노란색이 선명한 청금강앵무, 시끄럽게 울어대는 잉꼬들과 은밀히 움직이는 남미수리가 살고 있고, 황금망토타마린, 번개처럼 재빠른 재규어가 정글을 돌아다니고, 카이만 악어와 아마존강돌고래, 300종이 넘는 물고기들이 물속을 헤엄쳐 다닙니다. 화려하고 이국적인 꽃들 사이로 1,000종이 넘는 나비들이 날아다니고, 10종이 넘는 원숭이들이 나뭇가지 사이를 이리저리 옮겨다닙니다.

정글은 결코 조용하거나 고요하지 않습니다. 이 경이로운 환경 속에서 사라야쿠 사람들은 오직 이 땅에서 나고 자란 것만을 먹고 이용하며 살아갑니다. 사냥을 하고 낚시를 하고, 육체적으로 정신적으로 이 땅을 돌보고 살핍니다. 이 땅이 그들을 돌보듯 말입니다. 사라야쿠 족은 이 숲에 고유한 정신이 깃들어 있으며, 새와 물이 이 신성한 숲을 보호해준다고 믿고 있습니다. 이 땅은 모두의 것이며 마땅히 보호되어야 합니다. 하지만 안타깝게도 모든 사람들이 이들처럼 느끼고 생각하는 것은 아닙니다.

1996년, 아르헨티나의 석유회사가 예고도 없이 쳐들어와 키치와 사람들을 공격하고 아름다운 열대우림에 폭발물을 터뜨렸습니다. 동물들과 집들과 신성한 장소들이 모두 파괴되었습니다. 헬리콥터에서 사람들이 내릴 때까지도, 사라야쿠에서는 어떠한 경고나 연락도 받은 적이 없었습니다. 사라야쿠 족은 이 기업을 국제재판소의 법정에 세워 소송에서 이겼지만 싸움은 끝나지 않았습니다. 돈을 가장 중요하게 여기는 많은 회사들의 위협이 끝나지 않고 있기 때문입니다.

사라야쿠 사람들은 탄소발자국을 거의 남기지 않지만, 다른 지역 원주민들처럼 기후위기에 가장 혹독하고 빠르게 위협받고 있습니다. 지난 수십 년간 기후변화에 맞서 싸우고 저항해왔지만 이들의 땅은 여전히 취약합니다.

2020년 수백 채의 집과 학교, 수많은 동물들, 마을의 다리가 홍수에 휩쓸려갔고, 헬레나의 친구들과 가족들은 큰 실의에 빠졌습니다. 친구들과 즉시 모금행사를 열면서, 헬레나는 이 싸움을 멈추지 않으리라 결심했습니다.

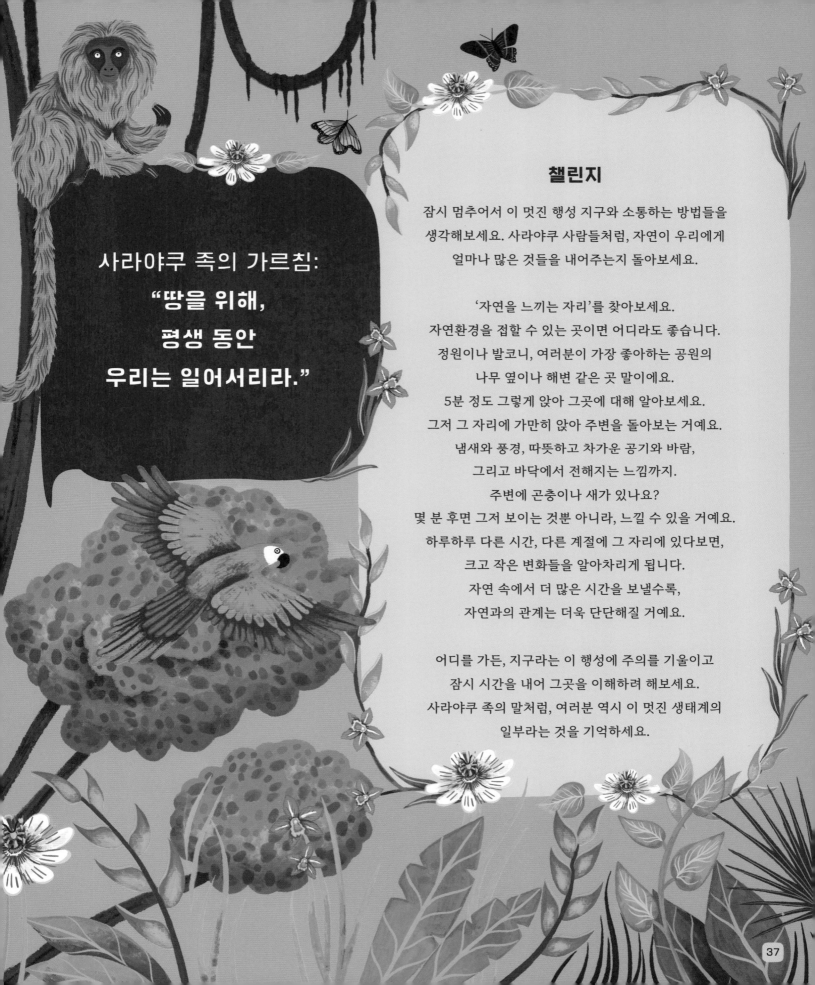

사라야쿠 족의 가르침:
**"땅을 위해,
평생 동안
우리는 일어서리라."**

챌린지

잠시 멈추어서 이 멋진 행성 지구와 소통하는 방법들을
생각해보세요. 사라야쿠 사람들처럼, 자연이 우리에게
얼마나 많은 것들을 내어주는지 돌아보세요.

'자연을 느끼는 자리'를 찾아보세요.
자연환경을 접할 수 있는 곳이면 어디라도 좋습니다.
정원이나 발코니, 여러분이 가장 좋아하는 공원의
나무 옆이나 해변 같은 곳 말이에요.
5분 정도 그렇게 앉아 그곳에 대해 알아보세요.
그저 그 자리에 가만히 앉아 주변을 돌아보는 거예요.
냄새와 풍경, 따뜻하고 차가운 공기와 바람,
그리고 바닥에서 전해지는 느낌까지.
주변에 곤충이나 새가 있나요?
몇 분 후면 그저 보이는 것뿐 아니라, 느낄 수 있을 거예요.
하루하루 다른 시간, 다른 계절에 그 자리에 있다보면,
크고 작은 변화들을 알아차리게 됩니다.
자연 속에서 더 많은 시간을 보낼수록,
자연과의 관계는 더욱 단단해질 거예요.

어디를 가든, 지구라는 이 행성에 주의를 기울이고
잠시 시간을 내어 그곳을 이해하려 해보세요.
사라야쿠 족의 말처럼, 여러분 역시 이 멋진 생태계의
일부라는 것을 기억하세요.

리토크네 카부아

리토크네 카부아는 환초와 화산섬으로 이루어진 마셜제도공화국의 에베예 섬에 살고 있습니다. 리토크네의 집은 바다에서 걸어서 2분 거리에 있습니다. 그런데 기후변화 때문에 에베예 섬과 주변의 섬들이 말 그대로 잠식되고 있습니다. 마셜제도공화국이 지구온난화에 가장 취약한 지역 중의 한 곳이라는 가슴 아픈 현실에 리토크네는 결국 기후활동가가 되었습니다.

이 나라의 섬들은 해발 2미터 정도밖에 되지 않습니다. 과학자들은 2050년이면 이 섬들이 물속에 잠길지도 모른다고 예측하고 있습니다. 작고 아름다운 이 섬들은 독특한 항해와 낚시 방법에서부터 고대의 이야기와 전설까지, 마셜제도공화국 사람들만의 풍요롭고 아름다운 문화를 간직하고 있습니다. 조상 대대로 리토크네에게 전해내려온 유산이 해수면 상승 때문에 바로 지금 위협받고 있습니다.

환초는 고리 모양의 산호초로, 안쪽은 얕은 바다를 이루고 바깥쪽은 큰 바다와 닿아 있습니다.

바다의 온도 역시 올라가고 있습니다. 섬을 둘러싸고 있는 아름다운 산호초들은 심해지는 더위를 견디지 못하고, 빠르게 백화되어 죽어가고 있습니다. 더불어 산호에 의지해 살던 물고기들 역시 죽어가고 있으므로, 섬 사람들은 먹거리를 구하는 데 큰 어려움을 겪게 되었습니다. 견딜 수 없는 더위와 가뭄, 극단적인 날씨는 리토크네에게 그의 집이 큰 곤란에 처해 있다는 사실을 끊임없이 상기시켜줍니다.

리토크네는 여러 학교들과 접촉해서, 그들에게 닥친 문제에 대해 설명하고, 청년들이 기후운동에 참여하도록 독려하고 있습니다. 땅과 물을 오염시키는 쓰레기들을 없애기 위해 해변과 바다를 청소하는 단체를 만든 리토크네는, 다른 활동가들과 함께 일상생활에서 지구를 존중하는 방법에 대해 조언하고 지침들을 알려주는 일에도 열심입니다. 그리고 전 세계의 지도자들에게 당장 기후비상사태에 대해 조치를 취할 것을 촉구하는 항의 행진도 벌였습니다. 기후변화를 완전히 멈추게 할 수는 없겠지만, 한 사람 한 사람이 각자의 몫을 해낸다면, 에베예 섬을 구할 만큼은 줄일 수 있을 것입니다.

리토크네의 집

리토크네가 살고 있는 지역의 섬들은 실제로 바닷속으로 가라앉은 화산 가장자리의 일부입니다. 산호초들은 거대한 청록색 석호를 둘러싸고 섬과 함께 환초를 형성하고 있습니다. 마셜제도공화국은 하와이와 오스트리아 사이의 중간쯤, 매우 외딴 곳에 떨어져 있습니다. 중앙도로 하나만 겨우 있을 정도로 매우 작은 이 섬들의 모래사장 위로는 야자수가 길게 늘어서 있고, 눈부시게 반짝이는 푸른 바닷물이 찰랑거립니다.

이 지역에는 전 세계 어느 곳에서도 찾아볼 수 없는 폴리네시아쥐들이 살고 있으며, 흰꼬리열대새와 알바트로스를 포함하여 70여 종 이상의 새들이 살고 있습니다.

바다는 믿을 수 없을 정도로 다양한 야생동물들의 집이며, 이 나라의 거의 전체가 상어 보호구역으로 지정되어 있습니다. 활기찬 흰동가리와 쏠베감펭, 은빛 창꼬치떼, 곡예를 잘 부리는 만새기, 거대한 참다랑어와 힘이 좋은 청새치들 사이로, 현존하는 모든 종류의 바다거북도 헤엄쳐 다닙니다. 야자집게, 우아하게 헤엄치는 대왕쥐가오리와 다양한 도마뱀들, 긴부리돌고래, 돌묵상어, 뱀상어, 쇠돌고래, 대왕고래(흰긴수염고래), 들고양이고래, 향유고래의 고향도 이곳입니다. 알록달록 선명하고 다양한 수백 종의 열대어 외에도 많은 생물들이 살고 있는 산호초는 300가지가 넘는 다양한 산호들로 이루어져 있습니다. 안타깝게도 이러한 바다생태계 전체가 지금 위협받고 있습니다.

'야우크웨이 Iyakwe'는
마셜어로
'사랑' '안녕' '잘 가'를
뜻하는 단어입니다.
이 말은
'당신은 무지개와 같아요'
라는 뜻이에요!

마셜제도공화국 사람들의 삶에서 가장 중요한 것은 언제나 바다입니다. 리토크네의 가족이 먹거리를 구하고 저 멀리 다른 섬의 친척과 친구에게 갈 수 있는 것도 바다 덕분입니다. 기후위기의 최전방에 살고 있는 리토크네는 전 세계의 다른 청년들과 함께 행동하지 않는 나라들에 책임을 묻고 대응을 촉구하는 탄원서를 UN에 제출했습니다.

챌린지

일반적인 세정 제품은 지구, 특히
해양생물에게 매우 해롭습니다.
제품에 들어 있는 화학물질들은 물고기를 죽이고,
물을 오염시키며, 필요할 때마다
용기에 든 제품을 사다보면 계속해서 플라스틱
쓰레기들을 만들어냅니다.
이 문제를 해결하는 단 한 가지 방법은,
자신만의 친환경 가정용 세정 제품을 만들어
오래된 용기에 담아 쓰는 것입니다.

지구 친화적인 천연 세정제를 만드는 방법이 있습니다.

1 오렌지나 레몬 껍질 150그램,
흑설탕 50그램, 물 500밀리리터를
뚜껑이 있는 다 쓴 플라스틱 병에 넣습니다.
병의 윗부분에 공간이 충분한지 확인한 후
뚜껑을 단단히 잠그고 잘 흔들어주세요.

2 세정제를 만들어 넣은 날짜를 적어 라벨을 붙이고
3개월 동안 따뜻하고 빛이 들지 않는 건조한 장소에서
발효시켜줍니다.
(효모를 1티스푼 함께 넣어주면 2개월밖에
걸리지 않습니다.)

3 처음 일 주일 동안은 가스가 빠져나갈 수 있도록
매일 한 번씩 뚜껑을 열어주세요.
두 번째 주에는 이틀에 한 번씩, 그리고
그다음 주부터는 일 주일에 한 번씩 가스를 빼주세요.

4 발효된 액체를 면포에 걸러주세요.
이제 무독성의 자연분해 세정제가 완성되었습니다!

에만 대니시 칸

에만 대니시 칸의 집이 있는 카라치는, 아라비아 해의 따뜻한 물이 파키스탄의 해안과 만나는 곳에 위치한 곳으로, 점점 크게 확장되고 있는 도시입니다. 아주 어렸을 때부터, 에만은 극심한 폭염과 홍수처럼 고향에 큰 영향을 미치는 기후문제에 관심이 많았습니다. 지구를 바로잡을 마술지팡이가 있었으면 좋겠다고 생각한 적도 있지만, 대신 에만은 재빨리 창의력을 사용하는 방법을 배웠습니다. 에만은 피자라는 이름의 봉제인형과 언제나 함께였는데, 친환경 인형이라 할 수 있는 피자는 이 지구를 위해 싸우는 에만의 가장 힘센 친구입니다. 이제 아홉 살인 피자는 자신이 사랑하는 자연을 구하기 위해 기꺼이 싸우려 합니다.

스토리-텔링은 파키스탄에서는 오래된 예술의 하나입니다. 전통적으로, 이야기에 생명을 불어넣는 말의 마법은 이들 문화에서 아주 큰 부분을 차지합니다. 에만은 피자를 통해 상상력을 불러일으키는 독창적인 이야기들을 들려주며, 다른 친구들 역시 친환경적인 생활방식에 관심을 가지도록 유도합니다. 에만은 어린이들이 쓰고 그리는 이야기책도 기획했는데, 지구를 지키는 피자를 돕는 슈퍼 히어로들에 대한 이야기였습니다. 스모그와 삼림 벌채에 맞서 싸우는 흥미진진한 모험을 그린 이 책은 기후문제에 대한 관심을 일깨우고 응원의 목소리를 키우고 있습니다.

이 프로젝트는 세계자연기금WWF의 후원을 받아 책으로 제작되었고, 이 책으로 벌어들인 돈은 기후위기에 대한 관심을 일깨우기 위한 공연과 강연에 쓰여지고 있습니다.

에만은 쓰레기 오염을 줄이기 위해서도 창의력을 발휘했습니다. 어느 날, 해변에서 파키스탄의 금빛 모래와 푸른 바닷물을 더럽히는 쓰레기들—대부분이 플라스틱이었습니다—을 본 에만은 크게 좌절했습니다. 그것들은 해양생물들에게 몹시 위험한 것이었습니다. 학교에서 배운 것들이 떠올랐습니다. 줄이고 재사용하고 재활용하기. 에만은 플라스틱 조각과 나뭇조각들을 최대한 많이 주워서 집으로 가져갔습니다. 부모님이 옥상에 만들어주신 작은 아틀리에에서, 에만은 쓰레기에 새로운 생명을 불어넣는 작업을 시작했습니다. 장난감과 마그넷, 장난감 집, 이름표를 만들어 온라인에서 팔면서, 에만은 지금도 깨끗한 해변을 지켜나가고 있습니다.

안타깝게도,
현재 파키스탄에서는
인간의 활동으로 인해
사자와 호랑이와 코뿔소가
멸종되었습니다.

에만의 집

구불구불한 해안평야와 광활한 키르타르 산맥의 언덕에 둘러싸인 카라치는, 파키스탄에서 가장 큰 도시입니다. 해안선 주변의 짜디 짠 물속에서는 맹그로브 숲이 울창하게 자라고, 해안가의 라스 무아리 지역에는 넓고 아름다운 해변과 멋진 풍경을 이루는 절벽이 펼쳐져 있었습니다. 이곳들을 모두 아우르는 신드 주에는 숲뿐만 아니라 거대한 호수와 산맥, 사막이 있습니다.

거대한 미로처럼 많은 모래언덕과 산등성이로 이루어진 타르 사막에는 우아한 친카라와 카라칼, 정글고양이가 살고 있으며, 카라치 앞바다에는 돌고래와 대왕고래(흰긴수염고래)가 헤엄쳐 다닙니다. 날렵한 아이벡스와 힘이 센 반달곰은 서쪽 산맥에 살고 있으며, 7월~11월 사이에 계절풍이 불어오면 푸른바다거북은 마크란 해안에 알을 낳습니다.

인더스 강의 삼각주 주변에서는 파키스탄에서 가장 심각한 멸종 위기에 처해 있는 인더스강돌고래 외에도, 악어와 미끄러지듯 나아가는 비단뱀, 멧돼지 등이 발견되고 있습니다. 한때 강 주변에서 살금살금 오가는 모습이 자주 눈에 띄었던 얼룩무늬 고기잡이살쾡이들은 현재 멸종 위기에 처해 있습니다. 안타깝게도, 현재 파키스탄에서는 사자와 호랑이와 코뿔소가 멸종되었고, 어쩌면 몰래 숨어다니는 치타 역시 이미 멸종되었을지도 모릅니다. 위험에 처한 동물들을 보호하고 보존하는 환경보호 활동가들의 일이 그 어느 때보다 더 중요해지고 있습니다.

챌린지

세계의 거의 모든 문화권에는,
세대에서 세대로 전해내려오는
민화와 신화, 전설과 이야기가 있습니다.
때때로 영웅 모험담의 형태를 띠고 있는
이 이야기들은 극적인 줄거리 뒤에
중요한 의미를 담고 있습니다.

지구와 자연계에 대해 그리고 있는
다른 문화권의 이야기와 전설을
찾아보세요. 자연의 세계를 보여줄 때
각 나라의 이야기는 어떻게 비슷하고
또 어떻게 다른가요?
나무와 바다와 산에
어떤 상징과 의미를 담고 있나요?
그 이야기에서 어떤 메시지를
얻을 수 있나요?

지구를 아끼는 마음으로 창의력을 발휘해
자신만의 이야기를 지을 수 있나요?
슈퍼 히어로와 동물들, 식물들, 어쩌면
여러분 자신과 친구들이 주인공이 될 수도 있겠지요.
이야기 뒤에는 어떤 메시지와 의미가 숨어 있을까요?
여러분은 피자 같은 캐릭터를 만들 수 있나요?

여기 몇 가지 아이디어가 있습니다.
이렇게 한번 써보면 어떨까요.

1 곳곳에 숨어 있는 플라스틱에서 동물들을
구하는 해양 모험 이야기.

2 천연자원을 몰래 훔치는 탐욕스러운
기업들의 정체를 밝혀내는 이야기.

3 열대우림을 구해내는 흥미진진한 이야기.

사람들을 즐겁게 해주면서도 기후위기에 대한
인식을 널리 퍼뜨리는 이야기는
어떻게 만들 수 있을까요?
여러분 누구나 이야기를 쓰고, 책으로 펴내고,
가족이나 친구들에게 뉴스레터를 발행하고,
또 연극을 올릴 수 있습니다.
여러분의 거실을 극장으로 바꾸거나
이야기 클럽을 시작해보는 것은 어떨까요?

제네비에브 레루스

제네비에브 레루스는 샌루이스오비스포에 살고 있습니다.
바위투성이 휴화산 봉우리들에 장엄하게 둘러싸여 있는
이 도시는 캘리포니아 해안에 자리잡고 있습니다.
이 지역은 겨울을 나기 위해 미 북부에서 멕시코까지
긴 여행을 하는, 오렌지색이 선명한 제왕나비의
이동경로에서 매우 중요합니다. 그런데 인간의
활동으로 인해 나비의 개체수가 급격히 줄어들고
있습니다. 제네비에브는 깨달았습니다.
나비를 보호해야 했습니다.

살충제 사용 증가와 삼림 벌채, 기후변화 때문에 불과 몇 년 사이 캘리포니아의 제왕나비 개체수가 99퍼센트까지 줄어들었다는 사실을 알게 되었을 때, 제네비에브는 아홉 살이었습니다. 나비를 사랑하는 제네비에브는 이 여리고 아름다운 생명체가 멸종 위기에 처한 것이 몹시 슬펐습니다. 나비를 도와야 했습니다.

애벌레 때 밀크위드라는 유액을 분비하는 식물을 먹는 제왕나비는, 나비가 되어 하루에 수백 마일을 이동할 때도 이 식물에 의존합니다. 제네비에브는 제왕나비를 위한 밀크위드 프로젝트를 시작했습니다. 나비들에게 절실히 필요하지만, 구하기가 어려운 밀크위드를 마련하려는 것이었습니다. 작은 정원에 씨앗을 심어 밀크위드를 기르기 시작한 제네비에브는 학교의 정원으로 장소를 넓혀갔습니다. 얼마 후 시장이 이 얘기를 듣게 되었고, 제네비에브는 생물학자의 도움을 받아, 자신의 정원에서 밀크위드를 길러 도시 전체에 심을 수 있게 되었습니다.

제네비에브는 시민 과학 프로젝트에 참여해, 제왕나비를 관찰하고 개체수를 세며 나비의 보호와 연구를 돕고 있습니다. 추적번호가 적힌 작은 형광스티커를 나비의 날개에 붙이고(나비에게 전혀 해롭지 않습니다), 나비를 아프게 하는 기생충은 없는지 나비를 검사하기도 합니다.

제네비에브의 집

미국 서해안 태평양의 선명한 푸른빛을 배경으로, 완만한 경사를 이루는 샌루이스오비스포의 포도밭과 황금빛 언덕이 펼쳐져 있습니다. 뜨거운 태양 아래, 이 지역을 가로질러 길게 이어진 모래사장과 멋진 만灣들이 펼쳐지고, 모양이 비슷한 사화산 봉우리가 이어져 있는 나인 시스터즈Nine Sisters는 눈에 띄는 장관을 선보이고 있습니다.

도시 외곽 울퉁불퉁한 흰 암벽 위에서는 멸종될 뻔했던 거대한 코끼리바다표범들이 울부짖고, 모로 만의 해달들은 조개껍데기를 열기 위해 바위에 내리칩니다. 따뜻한 바닷물 속에서는 장난기 많은 돌고래와 얼룩무늬 레오파드상어, 대왕고래와 혹등고래, 귀신고래가 헤엄쳐 다닙니다.

풀숲이 무성한 평원과 산에서는 길게 울부짖는 코요테와 퓨마와 위장꾼 도마뱀, 튤엘크가 지나다니고, 하늘에는 캘리포니아콘도르, 부리가 커다란 펠리칸, 다리가 긴 왜가리가 날아다닙니다.

'나비소녀'라는 별명을 갖게 된 제네비에브는, 어린이들이 스스로 좋은 일에 적극적으로 참여할 때 가장 큰 변화를 만들어낼 수 있다고 믿고 있습니다.

제왕나비의 날개는 선명한 오렌지색 바탕에 검은색과 흰색의 띠와 점무늬가 화려하게 그려져 있습니다. 북부 지방이 추워지기 시작하면, 수천 마리의 제왕나비들이 3,000마일 이상을 날아 샌루이스오비스포까지 옵니다. 나비들은 온기를 유지하기 위해 서로 가까이, 나무에 무리지어 앉아 쉽니다. 나비들의 날갯짓은 마치 밝은 오렌지색 구름처럼 매혹적인 풍경을 만들어냅니다.

이 나비들처럼, 이 지역의 다른 동물들과 많은 식물들은 인간의 활동 때문에 큰 어려움을 겪고 있습니다. 걷잡을 수 없는 큰 산불이 점점 잦아져 이 지역을 크게 위협하고 있는데, 기후변화로 인해 가뭄이 심해지고 기온이 높아지면서, 산불은 통제하기가 더욱 어려워지고 있습니다. 인간과 동물, 식물의 집은 불길이 닿으면 몇 분 안에도 파괴될 수 있습니다. 기후행동과 동물 보호는 그 어느 때보다 중요해지고 있습니다.

나비에 대해 공부하면서, 제네비에브는 나비들이 특히 밝은색을 좋아한다는 사실을 알게 되었습니다. 제네비에브는 부모님의 도움을 받아 정원에 보라색과 핑크색, 파란색, 오렌지색과 노란색으로 알록달록 화려한 나비 서식지를 만들었습니다. 밀크위드와 루드베키아, 샐비어, 나비가 좋아하는 다른 식물들로 이루어진 미니 정원이었습니다. 다채로운 새로운 생명들에 매혹된 새들과 올빼미, 도마뱀뿐 아니라 많은 나비들이 꾸준히 날아들었고, 가족들은 몹시 기뻤습니다.

챌린지

여러분이 살고 있는 지역에는 어떤 나비들이 있나요?
애벌레에서 나비가 될 때까지 살아남아 번식하려면
어떤 식물들이 필요할까요?
정원과 야외에서 가능한 한 유기농 제품을 사용하고,
살충제나 화학물질은 최대한 피해야 합니다.
이런 물질들은 나비를 죽게 만듭니다.

소중한 나비를 위해 정원이나 발코니
혹은 창가에서 식물을 키워보세요.
나비는 보통 밝은 햇빛 아래서 먹이를 먹기 때문에,
적당한 양의 빛이 드는 곳을 선택하세요.
알록달록 선명한 색깔의 다양한 꽃들을 골라서 나비들이
좋아하는 식물을 심어보세요.

나비는 또한 밝은 햇살 속에서 쉬기를 좋아하고,
축축한 진창이나 모래에 앉아
물을 마시거나 주요 미네랄을 섭취합니다.
우리는 나비를 위해 작고 얕은 용기에
모래와 물과 소량의 소금을 채워
작은 진창을 만들어줄 수 있습니다.
나비가 앉을 수 있도록 진창 위로
납작한 돌이나 자갈을 놓은 다음
햇빛이 잘 드는 곳에 놓아주세요.
물이 증발하면서, 나비들은 이 완벽한 스파에서
햇빛을 쬐고, 번식에 꼭 필요한 영양분을
얻을 수 있습니다.

김유진

유진의 집이 있는 대한민국의 수도 서울은, 매우 분주하고 복잡한 도시입니다. 여섯 살 때부터 유진의 꿈은 동물과 식물과 그 환경 사이의 불가사의한 관계를 연구하는 생태학자가 되는 것이었습니다. 유진은 지구라는 행성의 다양한 생태계의 경이로움과, 서로 긴밀하게 연결되어 있는 식물과 동물, 인간의 관계에 깊이 빠졌습니다.

유진은 남한과 북한을 나누고 있는 지역의, 생물종이 다양하고 풍부한 서식지를 연구하고 싶습니다. 기후변화는 서울뿐 아니라 이 지역에서도 몹시 중요한 문제입니다. 기온 상승은 가뭄을 불러오고 인간과 동물들이 살기 어렵게 할 뿐 아니라, 소나무와 구상나무도 죽게 만듭니다. 철새들은 이동경로를 바꾸고 있으며, 산호초와 갑각류와 전 해역의 물고기 역시 큰 위협에 직면해 있습니다.

유진은 자신을 둘러싼 자연계가 얼마나 빨리 변하고 있는지 몹시 염려되었습니다. 자신과 같은 청년들이 환경위기에 정면으로 맞서고 있다는 것을 알게 된 유진은, 한국의 청년기후단체인 '청소년기후행동'에 가입해 기후위기를 위한 학교 결석 시위를 조직하고, 우리 모두의 것인 환경을 위해 싸우는 다른 청소년들과 연대했습니다. 청소년기후행동과 함께 유진은 정부 관계자들을 만나 탄소 배출을 줄이기 위해 더 많은 조치를 취할 것을 요구했지만, 그 반응은 매우 실망스러웠습니다.

하지만 이들은 포기하지 않았습니다. 식량 안보와 사회 정의, 인권, 그리고 아름다운 자연계를 생각하며 이들은 캠페인을 합법적인 수준으로 끌어올렸습니다. 유진과 18명의 다른 청년들은 한국 정부를 상대로 헌법소원을 제기했습니다. 이 소송에서 승소하면 지도자들은 친환경적인 정책 결정을 해야 합니다.

유진의 집

서울의 날씨는, 여름엔 덥고 겨울엔 건조하고 추운 온대기후입니다. 한국의 70퍼센트가 그렇듯 서울 역시 많은 산으로 둘러싸여 있습니다. 대한민국의 수도인 이 도시에는 울창한 숲 덕분에 '서울의 녹색 허파'라 불리는 북한산을 포함해서 7개의 산이 있습니다.

수십 년간 사람들이 살지 않았기 때문에, 남한과 북한 사이의 비무장지대는 매우 독특합니다. 자연이 원래의 방식 그대로 보존되어왔기 때문에, 유진은 생태학자가 되어 이 지역을 연구하고 싶습니다. 5,000여 종의 다양한 동식물들이 서식하고 있는 이 지역에서는 송곳니가 발달한 사향노루, 작은 표범 같은 살쾡이, 앞가슴에 흰 반달 무늬가 있는 반달가슴곰, 산양과 재두루미도 발견되는데, 이 동물들은 전 세계적으로 멸종 위험 혹은 멸종 위기에 처한 100종의 생물에 속해 있습니다. 이 지역은 희귀종인 두루미와 흰꼬리수리 같은 새들에게도 매우 중요하며, 임진강은 많은 철새들에게 긴 여행의 기착지가 되어주고 있습니다. 좀더 지역을 넓히면 밍크고래와 알록달록한 원앙, 나긋나긋하고 긴 몸을 자랑하는 담비와 고라니, 수달, 무태장어, 멧토끼와 멧돼지도 발견됩니다.

한국이 2050년까지 100퍼센트 재생 가능한 에너지로 전환할 능력이 있다고 믿는 유진은, 화석연료의 사용을 중단하는 캠페인을 벌이고 있습니다. 유진은 지도자들에게 석탄 사용을 멈추기를 촉구하면서, 새로운 석탄화력발전소를 건설하려는 계획에 맞서 캠페인을 벌이고 있습니다. 2020년 코로나바이러스가 발생했을 때, 유진은 한국 정부가 국민의 보건 위기를 타개하기 위해 효율적으로 조정하고 시기적절하게 헌신적으로 대응하는 것을 목격했습니다. 어떠한 절박함과 자각도 느끼지 못하고 기후위기에 대비하지 못하는 세계 각국의 정부는 몹시 실망스럽지만, 유진은 할 수 있는 한 끝까지 싸워나갈 것입니다.

한국이 2050년까지
100퍼센트 재생 가능한 에너지로
전환할 능력이 있다고 믿는 유진은,
화석연료의 사용을 중단하는
캠페인을 벌이고 있습니다.

챌린지

과학자들에 따르면
새들은 기후변화에 특히 취약합니다.
숲이 파괴되고, 도시가 팽창하고,
기온이 변하면서, 전 세계의 수많은
아름답고 소중한 새들이 위협받고 있습니다.

유류 오염은 새들에게 또 다른 큰 위험입니다.
대규모로 유출되건 조금씩 흘러나가건,
기름은 새들에게 매우 해롭습니다.
살충제를 맞은 곤충을 먹거나,
박테리아에서 나오는 독소 때문에,
심지어 드레싱이 엎어진 씨앗을 먹다가도
새들은 쉽게 중독될 수 있습니다.
해수 온도가 높아지면서 바닷새들은
먹이를 찾기가 더욱 어려워지고 있습니다.
새들의 개체수가 급격히 줄어들 수밖에
없다는 뜻입니다.

여러분만의 새 모이를 만들어보세요

새들은 1년 중 언제라도 먹이를 구하기가
어려워질 수 있습니다.
주변에 어떤 새들이 있는지 찾아보고,
새들에게 언제 도움이 필요할지 알아보세요.

방법 1

깍둑썰기한 사과와 치즈, 건포도를 정원용 와이어에
하나씩 꿰어 둥근 고리를 만들어주세요.
길고양이나 다람쥐의 손이 닿지 않는 곳, 야외의 나무에
끈을 이용해 먹이 고리를 매달아줍니다.

방법 2

준비가 되자마자 걸 수 있도록
깨끗한 솔방울에 끈을 단단히 묶어줍니다.
솔방울에 땅콩버터를 바른 다음,
새 모이가 듬뿍 묻을 때까지 굴려주세요.
나무에 새 모이 솔방울을 걸어놓고
새들이 찾아오는 것을 지켜보아요.

• 에너지를 위해 칼로리와 지방이 중요한 새들에게
땅콩버터는 영양가 높은 간식입니다.
• 단단한 치즈는 괜찮지만, 새들에게
절대 우유나 부드러운 치즈는 주지 마세요.

레미 자히가

레미 자히가는 눈 덮인 르웬조리 산맥의 서쪽, 콩고민주공화국 이투리 열대우림의 가장자리에 있는 베니라는 마을에 살고 있습니다. 전쟁 때문에 마을이 위험해지자, 레미와 가족들은 고마라는 도시로 이사를 해야 했습니다. 사람들과 동물들, 식물들, 그리고 이 지구에 대한 불평등과 부당함을 목격한 레미는 목소리를 내지 못하는 이들의 목소리가 되기로 결심했습니다.

2020년 1월, 콩고민주공화국을 휩쓴 지독한 홍수는 수많은 가옥과 학교를 부수고 많은 사람들의 목숨을 앗아갔습니다. 대학에서 환경과학을 공부한 레미는 콩고 열대우림의 삼림 벌채 때문에 이런 홍수가 일어났다는 사실을 알고 있었습니다. 땅속에 토양층을 고정시키고 강우량을 조절하는 나무는 전 생태계에서 가장 중요하고 강력한 생물입니다. 나무가 없다면 홍수도 가뭄도 더욱 쉽게 일어날 수 있습니다.

지구상에서 두 번째로 큰 열대우림인 콩고 분지는 '지구의 두 번째 허파'로 알려져 있습니다. 2100년이 되기 전에 이 놀라운 숲이 완전히 파괴될지도 모른다는 과학자들의 예측에, 레미는 이 숲을 보존하기 위해 싸우리라 마음먹었습니다. 자신이 위험에 처하더라도 말입니다. 소중한 열대우림을 지키기 위해서는 지역 공동체를 결집시켜야 했으므로, 레미는 '그린 콩고 이니셔티브 Green Congo Initiative'라는 단체를 공동설립했습니다. 열대우림이 이대로 계속 파괴된다면, 이 숲에 의지해서 살아가는 수백만 명의 사람들이 영향을 받을 것이고, 동물들은 멸종될 것이며, 기후변화는 더욱 가속화될 것입니다.

지구를 구해주세요
콩고를 구해주세요
플로라 & 파우나*

* 플로라 & 파우나는 국제환경보호기구입니다.

레미는 콩고민주공화국의 토착 원주민 중 하나인 바카 족 출신입니다. 조상 대대로 숲에서 살아온 이들은, 숲과 아주 밀접한 관계를 맺고 있습니다. 레미는 원주민들이 정글에서 일어나는 모든 자연의 일들을 어떻게 이해할 수 있는지 설명하며, 나무와 함께 파헤쳐지고 있는 원주민들의 인권과 문화적 권리를 옹호합니다.

레미는 자연이 우리에게 무엇을 원하는지 스스로 깨닫기를 원하며, 동물과 나무와 모든 다른 사람들과 조화를 이루며 살아가려 노력하기를 바랍니다. 지구를 구하는 것이 곧 우리의 생명을 구하는 길이니까요.

레미의 집

레미가 살고 있는 키부 지역은 콩고민주공화국 동쪽 국경에 있습니다. 이곳은 거대한 호수와 우뚝 솟은 화산 봉우리들 그리고 온갖 생명들로 가득한 열대우림지대입니다.

웅장하게 펼쳐진 르웬조리 산맥의 산들은 하늘 높이 치솟은 험준한 봉우리들의 신비로운 아름다움 때문에 종종 '달의 산'이라고 불리기도 합니다. 이곳의 산비탈에는 약 70종의 포유류가 살고 있습니다. 위풍당당한 코끼리와 푸른원숭이, 희귀한 표범들과 케월영양부터, 칡부엉이와 활기찬 딱새, 태양새에 이르기까지, 이 지역은 다양한 생명들로 가득 차 있습니다.

레미의 집 근처에는 비룽가 국립공원이 있습니다. 세계에서 가장 다양한 생물들이 살고 있는 이곳에서 가장 유명한 동물은 지능이 높은 마운틴고릴라지만, 멸종 위기에 처한 이 고릴라 외에 사자와 달리기 선수인 영양, 매력적인 오카피와 몸집이 큰 하마, 보노보와 침팬지 같은 희귀한 동물들과, 형형색색의 콩고공작, 흰목바위새, 눈에 띄는 봉고영양, 점박이하이에나, 덤불멧돼지, 관머리모나원숭이와 부시베이비(갈라고원숭이) 등도 있습니다.

숲에서 동물들이 불법적으로 밀렵되고 있는 것도 큰 걱정입니다. 상아나 야생동물의 고기 때문에 희귀한 동물을 죽이는 일은 제대로 알려지지 않고 있습니다. 레미는 이 지역의 소중한 야생동물들을 보호하기 위해 싸우고 있습니다. 레미가 가장 좋아하는 동물은 오카피입니다. 오카피는 이 나라에서만 볼 수 있는 아름다운 숲속의 기린입니다.

목재에 석유와 금, 다이아몬드에 이르기까지 천연자원이 풍부한 콩고민주공화국은 탐욕스러운 기업들에게 심하게 착취당하고 있으며, 가난과 전쟁 역시 자연을 크게 해치고 있으므로, 레미의 일은 더욱 중요해지고 있습니다.

챌린지

콩고 숲속 원주민들의 가장 중요한 생산품 중 하나는 꿀입니다.
원주민들은 정글 속 나무에 올라 그 무엇도 해치지 않고 꿀을 채취합니다.
하지만 숲이 파괴되면서 사람들과 동물들의 집 역시 파괴되었습니다.
살충제 사용이나 서식지 파괴와 같은 인간의 활동 때문에
전 세계의 벌들이 죽어가고 있습니다. 식물의 수분작용에서 매우 중요한
역할을 하는 벌은, 전 세계 생태계에서 없어서는 안 될 존재입니다.
벌들이 없다면 우리가 먹는 음식의 3분의 1은 있을 수 없습니다.

한데 어울려 사는 꿀벌과 달리 무리를 이루지 않는 단생벌은 혼자 둥지를 만들고 좁은 굴 안에 알을 낳습니다. 우리가 직접 벌들에게 멋진 보금자리를 만들어주는 것은 어떨까요? 주변의 단생벌들을 위해 집을 만드는 것은 생각보다 어렵지 않습니다.

준비물:

- 테라코타 화분
- 대나무 줄기, 속이 빈 죽은 식물이나 갈대 줄기
- 끈과 점토

1 나무 줄기를 화분 깊이에 맞는 길이로 잘라주세요.
길이가 모두 똑같지 않아도 됩니다.

2 자른 줄기들을 끈으로 한데 묶어 화분에 맞도록 모양을 유지해주세요.

3 화분 안쪽 바닥에 점토를 붙이고 대나무 다발을 밀어넣어 고정시켜주세요.

4 벌들이 집으로 삼을 수 있도록 허리나 가슴 높이 정도로 야외에 조용한
장소를 찾아보세요. 벌들이 대나무 줄기나 속이 빈 식물 사이사이,
집 안으로 쉽게 들고 날 수 있도록 수평을 유지해주세요. 햇빛이 잘 들고,
벌들이 좋아하는 꽃과 식물들이 가까이 있는 곳이 가장 좋습니다.

소피아 키아니

소피아 키아니는 미국에서 자랐지만, 처음으로 환경위기에 대해 깨닫게 된 것은 가족과 함께 테헤란에서 살 때였습니다. 번화한 이란의 수도 테헤란은 우뚝 솟은 엘부르즈 산맥 한 기슭에 자리잡고 있으며, 남쪽으로는 카비르 사막이 굽이치듯 펼쳐져 있습니다.

가족과 함께 이란에서 지내던 소피아가 문득 두려움을 느낀 것은, 열두 살 때였습니다. 소피아는 반짝이는 별들과 날마다 모양을 바꾸는 밤하늘의 달을 바라보면 언제나 마음이 편해지곤 했습니다. 그런데 어느 날, 테헤란의 밤하늘에 아무것도 보이지 않았습니다. 짙게 드리운 오염층이 그 광활한 세계를 감추고 있었습니다. 그후 환경문제에 대해 많은 자료들을 찾아 읽고 이란의 친척들에게 기온 상승과 오염에 대해 알리려던 소피아는 깜짝 놀랐습니다. 환경문제에 대해 관심을 보이는 이들이 거의 없었습니다. 이란의 미디어들은 기후문제에 대해 전혀 보도하지 않았고, 자료들은 대부분 영어로 되어 있었습니다. 자신이 읽은 이 걱정스러운 뉴스들을 다른 사람에게도 알려야겠다고 생각한 소피아는 기후연구에 대한 자료들을 페르시아어로 번역하기 시작했습니다.

소피아의 도움으로 지구를 보호하는 것이 얼마나 위급한 일인지 깨닫게 되자, 친척들은 더 친환경적인 생활방식을 찾았습니다. 기후변화에 대한 정보들에 쉽게 접근할 수 없는 사람들이 많다는 사실에 이를 바꾸어야겠다고 마음먹은 소피아는 '기후 카디널Climate Cardinals'이라는 단체를 만들었습니다. 수천 명의 자원봉사자들이 기후에 대한 중요한 자료들을 100개 이상의 언어로 번역했습니다. 소피아 덕분에, 더 많은 사람들이 기후위기에 대해 알게 된 것입니다.

소피아는 미국에서 환경파업을 벌이기도 했지만, 거의 관심을 기울이지 않는 정치인들에게 크게 실망했습니다. 평범한 시위는 미디어와 정치인들에게 무시되기 일쑤였습니다. 이들의 주의를 끌기 위해 더 과감한 방법을 쓰기로 마음먹은 소피아는 단식투쟁을 시작했습니다. 며칠 동안 아무 음식도 먹지 않은 것입니다. 이 시위는 미디어의 주목을 받았고, 소피아는 계속해서 싸워나갈 힘을 얻었습니다.

소피아의 집

테헤란은 카스피 해 해안을 따라 웅장하게 이어진 눈 덮인 산맥의 남쪽 기슭에 자리잡고 있습니다. 이 산맥에는 이란에서 가장 큰 산일 뿐 아니라, 아시아에서 가장 큰 활화산인 다마반드 산이 있습니다. 산맥은 바다로부터 북쪽에서 내려오는 습기를 막아 테헤란의 기후를 덥고 건조하게 만듭니다. 도시 남쪽에는 사막이 있는데, 이것은 곧 테헤란의 남쪽 지역이 북쪽보다 더 덥고 건조하다는 뜻입니다.

남쪽으로 펼쳐진 광활한 사막에는 희귀종인 아시아치타와 줄무늬하이에나, 황금빛 사막여우, 낙타와 도마뱀, 그리고 민첩한 가젤 등이 살고 있습니다. 이 사막은 젖은 모래와도 같은 습지 위를 덮고 있는 표면의 소금층이 특징입니다.

이란을 포함한 중동 지역의 기온은 세계 평균의 두 배가 넘는 속도로 상승하고 있으며, 잦은 가뭄으로 인해 이란에서 가장 큰 호수인 우르미아 호수는 거의 다 말라버렸습니다. 토양과 물, 그리고 공기의 오염은 심각한 문제입니다. 국경 지역인 엘부르즈 산맥이 스모그를 가두는 바람에 이 도시는 세계에서 가장 오염된 도시 중의 하나가 되었습니다. 한 사람 한 사람의 작고 긍정적인 변화가 한데 모이면 우리의 지구에 더 큰 효과를 가져오리라 소피아는 희망하고 있습니다.

엘부르즈 산맥의 기슭에는 아이벡스와 긴귀고슴도치, 털북숭이 시리아불곰, 멋진 뿔이 달린 베조아르염소(지금 염소의 조상인 야생염소)가 살고 있고, 하늘에선 두 눈을 반짝이는 그리폰독수리와 위풍당당한 독수리들이 날아다닙니다. 은밀하게 움직이는 페르시아표범과 아시아당나귀, 인도늑대는 현재 인간의 활동으로 인해 멸종 위기에 처해 있습니다. 세계에서 가장 큰 내수면 지역인 카스피 해 연안은 핑크빛 홍학과 우아한 백조들의 집입니다.

챌린지

그전부터 패션에 관심이 많았던 소피아는
기후활동가가 된 후, 패션산업이 지구의 오염에
큰 책임이 있다는 사실을 알게 되었습니다.
매년 전 세계 탄소 배출량의 10퍼센트가
패션산업에서 발생하고 있는데,
이것은 항공기 운행과 해상운송으로 인한
탄소 배출량 전체를 합친 것보다 많습니다.

패션산업이 배출하는 탄소의 대부분은
직물 생산 때문인데, 석유로 만들어진
플라스틱의 일종인 폴리에스테르 섬유를
만드는 데는 엄청난 양의 에너지가 필요합니다.
면은 폴리에스테르보다는 덜 해롭지만,
면직물의 원료인 목화를 재배하는 데
흔히 사용되는 비료는 지구온난화에 크게
영향을 미치는 이산화질소를 방출합니다.

재활용되는 옷은 20퍼센트 미만으로, 나머지 옷들은
곧장 쓰레기장으로 들어가거나 불에 타버리는데,
둘 다 지구에 해롭습니다. 자주 옷을 사고 버리는
'패스트 패션' 문화는 빨리 바뀌어야 합니다.
소피아의 바람은, 우리 모두가 지구를 먼저 생각하는
옷차림을 고민하는 것입니다.

옷장 안을 한번 살펴보세요.
옷들은 어떤 직물로 만들어졌나요?
그것들은 어디에서 만들어졌나요?
그 옷들이 석유나 면 같은 원재료에서
상점으로 그리고 여러분의 집으로
어떻게 오게 되었는지 한번 생각해보세요.

1 우리에게 정말로 필요한 옷들이 어떤 것들인지
생각해보세요. 만약 패션이 지구를 망치고 있다면
패션은 어떻게 바뀌어야 할까요?

2 새옷을 사는 대신 중고옷을 사보세요.
경제적으로도 지구에도 훨씬 더 좋은 일이에요.
친구끼리 혹은 학교에서 옷 교환 파티를 열거나,
빈티지숍이나 중고가게에서 멋진 옷을 찾아보세요.

3 해지거나 찢어진 옷들을 직접 수선해보는 것은
어떨까요? 창의력을 발휘해서 낡은 옷을 새롭게
변신시켜보세요. 패션 디자이너가 되어 자신만의
옷을 직접 만들어볼 수도 있습니다.

4 환경을 생각하고 지속가능한 옷을 만드는 브랜드를
구입해보세요. 항상 공부하고 질문을 던지세요.
비료를 쓰지 않은 유기농 면으로 만든 옷을 사면
탄소 배출을 거의 절반으로 줄일 수 있습니다.
재활용된 재료로 만든 옷을 구입하는 것도
지구에 이롭습니다.

스위테니아 푸스파 레스타리

스위테니아 푸스파 레스타리는 인도네시아의 수도인 자카르타와 아버지가 살고 있는 프라무카 섬 사이를 오가며 자랐습니다. 스위테니아는 자연 속, 특히 물속에 있을 때 가장 편안하고 행복합니다. 바다를 헤엄쳐 다니며 행복을 느끼는 동시에 이 다채로운 해양세계를 망가뜨리고 있는 인간들의 활동 때문에, 스위테니아는 겁이 나고 또 염려스럽습니다.

아버지가 처음으로 수영을 해보라고 했을 때, 스위테니아는 싫다고 했습니다. 영화에서 봤던 상어밖에 생각나지 않았으니까요. 해양국립공원의 책임자였던 아버지는 스위테니아에게 바닷속이 얼마나 아름다운지 알려주고 싶었습니다. 어느 날 구명조끼를 입고 고글을 낀 스위테니아가 보트 끝에 기대어 산호를 들여다보고 있을 때였습니다. 도와줄 스태프들이 물속에 있었기 때문에, 아버지는 몰래 스위테니아를 배 밖으로 밀었습니다. 깜짝 놀라 비명을 지르다가 문득 아래를 보았을 때, 스위테니아는 눈부시게 빛나는 다양한 산호들과 그 사이로 헤엄쳐 다니는 아름다운 물고기들에 깜짝 놀랐습니다. 물 밖으로 나가기가 싫을 정도였습니다.

레스큐 스쿠버다이버 자격증을 딴 스위테니아는 환경공학을 공부하기 시작했습니다. 마법과도 같은 산호초를 처음 본 지 8년이 지나, 스위테니아는 그전에는 가본 적 없었던 지역의 바닷속이 쓰레기로 가득 찬 것을 보았습니다. 너무나 마음이 아팠습니다. 장난감 기타와 풍선에서부터 옷가지까지 인간들이 강과 바다에 버린 온갖 쓰레기 때문에 다친 물고기와 새들, 거북도 눈에 띄었습니다.

자원봉사를 할 만한 단체를 찾을 수 없었던 스위테니아는 친구들과 함께 직접 '다이버스 클린 액션Divers Clean Action'이라는 단체를 만들었습니다. 이들의 첫 지역-청소 이벤트에는 100명의 다이버들이 참여했으며, 몇 년 지나지 않아 아시아 전역에 걸쳐 바다를 보존하는 자원봉사자들은 수천 명에 이르게 되었습니다. 바다에서 쓰레기를 직접 건져올릴 뿐 아니라, 이 단체는 중요한 과학적 데이터를 수집하고, 바다를 보존하려는 여러 활동을 지원합니다.

스위테니아의 집

인도네시아는 인도양과 태평양 사이, 17,000개가 넘는 섬으로 이루어진 나라입니다. 적도의 나라인 인도네시아는 습한 열대기후로, 이 나라의 무성한 열대우림과 풍부한 수자원은 믿을 수 없을 정도로 다양한 생물들의 고향입니다. 안타깝게도, 힘이 센 자바 코뿔소와 미소짓는 얼굴의 강거두고래, 그리고 수마트라 호랑이와 오랑우탄을 포함해 많은 인도네시아의 동물들이 지금 멸종 위기에 처해 있습니다.

프라무카 섬은 복잡한 도시 자카르타 인근 '천 개의 섬'의 주요 섬입니다. 수정처럼 맑고 눈부신 바닷물과 부드럽고 흰 모래 해변, 그리고 화려한 수중 산호초가 이 섬들의 자랑입니다. 인도네시아에는 눈에 띄게 화려한 만다린피시와 줄무늬가 매력적인 흰동가리를 포함해서, 산호초와 밀접한 관계를 이루고 있는 물고기들이 전 세계에서 가장 많습니다.

스위테니아가 가장 좋아하는 동물은 거북입니다. 해변에서 거북의 알을 돌보고, 이들이 다시 바다로 돌아가는 것을 도와주며 자란 스위테니아는 바닷속을 돌아다니는 거북들을 보면 몹시 행복해집니다. 어느 날 물속에 떠다니는 비닐봉지를 해파리로 착각했던 스위테니아는, 해파리를 먹고 사는 거북 역시 착각할 수 있다는 사실을 깨달았습니다. 비닐봉지를 삼켰다가는 거북은 심하게 병이 들거나 죽을 수도 있습니다. 플라스틱 포장재나 빨대 역시 거북에게 큰 상처를 입힐 수 있습니다.

스위테니아는 언젠가 아름다운 맹그로브 숲이 15센티미터가 넘는 쓰레기로 뒤덮여 있는 것을 본 적이 있습니다. 쓰레기들은 대부분 인도네시아 내륙 본토와, 오스트레일리아나 태국 같은 나라들에서 온 것이었습니다. 비닐봉지 중에는 심지어 30년 전의 것도 있었습니다. 작은 해변에서 30분간 약 900개의 플라스틱 빨대를 주운 스위테니아와 자원봉사자들은 이러한 피해가 계속되어서는 안 된다고 생각했습니다. 이들은 '빨대 사용 금지 운동'을 시작했습니다. 이 캠페인으로 인해 많은 패스트푸드 식당들이 빨대를 쓰지 않게 되었고, 플라스틱을 재활용하려 애쓰게 되었습니다.

어느 날 물속에 떠다니는 비닐봉지를 해파리로 착각했던 스위테니아는, 거북 역시 착각할 수 있다는 사실을 깨달았습니다.

챌린지

스위테니아는 자신이 너무나 좋아하는 아름다운 바다를 보호하는 데 삶을 바치고 있습니다.
우리가 계속해서 이렇게 물을 오염시킨다면, 인간뿐 아니라 동물과 식물 역시 심각한 곤경에 처하게 됩니다.
매년 800만 톤이나 되는 쓰레기가 바다로 흘러들어가고 있습니다. 쓰레기는 아주 멀리까지 갈 수 있고,
그러는 사이 동물과 물고기들에게 크게 해를 입힐 수 있습니다.

단체를 만들기 전에, 스위테니아는 버려진 비닐봉지가 거북을 해칠까봐 혼자 바다를 청소했습니다.
여러분이 청소할 수 있는 지역을 찾아보세요. 바다나 해변도 좋고, 들판이나 공원도 좋습니다.
쓰레기를 최대한 줄이는 것이 우리의 지구에 왜 중요한지 가족과 친구들에게 설명해주고, 도와줄
사람이 있는지 찾아보세요. 학교에서 이런 이야기를 할 수 있게 요청하고, 이웃들에게도 알려보세요.
10명이건 단 1명이건 상관없습니다. 아주 작은 도움이라도 좋습니다. 비닐봉지 하나를 줍는 것만으로도
동물의 생명을 구할 수 있습니다. 한 사람의 행동이 가지고 있는 힘을 과소평가하지 마세요.

재사용할 수 있는 장갑과 쓰레기를 담을 튼튼한 가방으로 단단히 무장하고, 지구를 위해
전 세계적인 운동에 함께해보아요. 그렇게 주운 쓰레기들을 안전하게 분류하고
재활용할 수 있다면 좋겠지만, 쓰레기를 처리할 때는 꼭
어른의 도움을 받아야 합니다.

욜라 음고그와나

욜라 음고그와나의 집은 남아프리카공화국 웨스턴케이프의 카엘리차 타운십에 있습니다. 대서양이 아프리카 남단과 만나는 둥근 만 가장자리에 위치한 마을에서 가난하고 힘들게 자라면서, 자연을 위해 싸우겠다는 욜라의 마음은 점점 더 커졌습니다.

어릴 때부터 욜라는 자연을 아끼는 데 열심이었습니다. 욜라와 친구들은 눈에 띌 때마다 언제든 쓰레기를 주웠습니다. 욜라가 열 살이던 어느 날, 그들은 비닐봉지에 걸려서 필사적으로 벗어나려는 강아지 한 마리를 보았습니다. 욜라와 친구들이 구하러 가기에는 너무 멀리 떨어져 있었지만, 강아지가 벗어나는 것을 보고 나서야 그들은 크게 안심했습니다. 그들은 이 지역의 오염에 대해 무언가 해야 한다는 것을 깨달았습니다.

물 부족으로 이어지는 가뭄 또한 웨스턴케이프 지역에 악영향을 미치고 있었습니다. 급기야 물이 다 떨어져 급수를 전면 차단하는 데이 제로 Day Zero 가 시행되기도 했습니다.

욜라는 이러한 불평등과 부당함에 맞서 싸우기 위해 가족과 친구들, 그리고 여러 공동체들을 한데 모을 수 있는 활동가가 되기로 결심했습니다.

학교를 통해 비영리단체인 '지구어린이 프로젝트 Earthchild Project'에서 자원봉사를 시작한 욜라는 지금도 꾸준히 주변의 쓰레기들을 줍고 있습니다. 낭비를 줄이기 위해 학교에서 쓰는 물과 전기의 사용량을 모니터하고, 유기농 채소를 기르며, 다른 학교들을 찾아가 환경문제에 대해 이야기해주고 실천 방법을 알려주며, 아이들이 이 운동에 참여할 수 있도록 도와주기도 합니다.

욜라는 케이프타운 의회까지 환경시위행진을 한 후, 그곳에서 2,000여 명의 사람들 앞에서 친환경 정책을 요구하는 연설을 하기도 했습니다. 그는 모든 학교의 교과과정에 환경교육이 있어야 한다고 생각합니다. 욜라는 숲 속이나 채소밭 혹은 풀밭 위에 누워 있을 때가 가장 행복합니다.

욜라의 집

케이프타운에서 약 30킬로미터 떨어져 있는 욜라의 집은, 남아프리카공화국에서 가장 큰 타운십에 있습니다.

타운십은 원래 강압적이고 인종차별적인 정부에 의해 만들어진 행정구역입니다. 백인이 아닌 사람들은 케이프타운에 살 수 없었고, 그래서 이들은 제대로 된 집도 위생시설도 갖추어지지 않은 시 외곽에 정착해야 했습니다. 욜라가 살고 있는 타운십은 지금도 대부분 가난한 슬럼가입니다.

큰 자연모래 해변인 테이블 만과 펄스 만 사이에 위치한 카옐리차는 멀리 꼭대기가 평평한 테이블 산을 바라보고 있습니다. 이 지역에는 일광욕을 즐기는 게으른 케이프바위너구리에서부터, 몸의 반쪽에만 줄무늬가 있는 특이한 (한때 멸종된 것으로 여겨졌던!) 콰가얼룩말과 번뜩이는 눈의 앨리게이터, 타조와 원숭이에 이르기까지 다양하고 많은 야생동물들이 있습니다. 물개들 중 가장 큰 종인 케이프물개가 만과 바다에서 헤엄쳐 다니다가 백상아리나 범고래에게 잡아먹히기도 하고, 극지방에서 마다가스카르로 이동하던 남방긴수염고래(남방참고래)와 브라이드고래, 혹등고래가 해안 근처에 나타나기도 합니다. 볼더스비치의 맑은 물속에서는 이 지역 외에 다른 어느 지역에서도 볼 수 없는 아프리카펭귄들이 미끄러지듯 헤엄쳐 다니고, 블랙리버파크 주변에는 핑크색의 우아한 홍학떼가 보입니다.

밝은 색깔의 도마뱀들은 산비탈에서 느긋하게 빈둥거리고, 종종 영리한 장난꾸러기 차크마개코원숭이들이 먹이를 찾느라 길을 점령하기도 합니다. 표범과 기린과 사자, 아프리카코끼리도 이 지역의 토착종들이지만, 지금은 대부분 보호 관리되는 공원에서만 볼 수 있습니다. 몸집이 큰 하마와 화려한 깃털을 가진 작은 물총새와 태양새는 웨스턴케이프 지역의 자연보호구역에서 볼 수 있습니다.

욜라처럼 카옐리차에 사는 수십만 명의 사람들은 기후변화와 환경오염뿐 아니라, 가난과도 매일 싸우고 있습니다. 날씨가 급변하자 지원이 부족한 주택과 전기, 수도와 위생시설로 인해, 상황은 더 심각해졌습니다. 하루는 몹시 더웠다가 바로 다음 날 홍수가 나기도 했는데, 그럴 때면 흙이 무너져내려 집이 쓸려가기도 했고, 농작물이 자라기 어려운 땅이 되어버리기도 했습니다. 지구를 위해 지역사회들이 힘을 모으면 변화를 가져올 수 있으리라는 희망을 품고 있는 욜라는, 우리가 찾아낸 것보다 더 나은 지구를 다음 세대에 남겨주어야 한다는 믿음에 따라 살고 있습니다.

비용도 절약되지만, 욜라는 건강을 지키고 지구를 보호하기 위해 살충제를 사용하지 않고 직접 유기농 채소를 기릅니다. 대부분 퇴비 더미에 던져버리는 음식물 쓰레기로 새로운 생명을 기를 수 있다는 것을 알고 있나요?

1 당근의 머리 부분을 녹색 줄기가 3센티미터 정도 남아 있는 상태로 잘라주세요. 작은 접시나 병에 물을 조금 담고(물이 너무 많으면 당근이 썩어버릴지도 모릅니다) 조약돌을 넣어 당근을 지탱해주세요. 당근의 잘라진 단면이 물에 잠기도록 해서 따뜻한 곳에 놓아두세요. 일 주일 후면 녹색 줄기가 더 자란 걸 볼 수 있답니다. 아래쪽에 작은 실뿌리들이 보이면, 초록색 줄기 부분만 표면 위로 보이도록 흙이 담긴 화분에 옮겨 심어주세요.

2 마늘과 양파의 구근을 젖은 흙이 담긴 화분에 심어보세요. 운이 좋으면 몇 주 후엔 샐러드나 수프를 만들어 먹기에 완벽한 초록 새싹이 돋아날 거예요.

3 유기농 아보카도의 씨앗을 씻어서 말려주세요. 씨앗을 작은 접시나 컵에 넣고 반쯤 잠길 때까지 깨끗한 물을 넣습니다. 물의 양을 일정하게 유지해주면서 뿌리가 나올 때까지 한 달 정도 기다려주세요. 씨앗이 갈라지기 시작해서 그 틈으로 뿌리가 나오면 젖은 흙의 표면 바로 아래에 심어줍니다. 이제 여러분만의 작은 아보카도 화분이 완성되었습니다!

마카사 루킹 호스

마카사 루킹 호스는 모호크 족의 늑대 족과 라코타 족 출신으로, 캐나다 온타리오의 그랜드 강 유역에 있는 원주민 보호구역에서 살고 있습니다. 그의 집은 초록 숲과 평원이 드넓게 펼쳐져 있는 커다란 그랜드 강 옆에 있습니다. '붉은 대지'라는 뜻의 이름을 가진 마카사는 조상들로부터 이 지구를 보호해야 할 책임을 물려받았습니다.

전통적인 출산 의식을 통해 태어난 마카사는 라코타 부족의 최고의 의식인 '선 댄스Sun Dance'에 참여하기를 좋아합니다. 대부분의 원주민들은 깨끗한 식수를 얻기 위해 몹시 노력합니다. 안심하고 먹을 수 있는 물을 만들기 위해 이들은 물을 끓이거나 병에 든 물을 사야 합니다. 그런데 다 그런 게 아니었습니다. 마카사는 세계에서 가장 큰 생수회사 중 한 곳이 원주민 땅의 천연 샘물에서 470만 리터의 물을 가져간다는 사실을 알게 되었습니다. 허락도 받지 않고 말입니다. 캐나다 법에 위법임에도 불구하고, 이 회사는 계속해서 원주민 보호구역의 물을 훔쳐서 원주민에게 되팔고 있습니다. 마카사는 이 회사가 원주민 사회를 이용해 어마어마한 이익을 얻고 있다는 사실에 크게 화가 났습니다.

깨끗한 물은 인간의 권리입니다

이것은 부족 사람들이 수세기 동안 직면해온 폭력과 억압의 연장이었습니다. 마카사는 부족 사람들이 물을 이용할 권리를 지키기 위해 싸우기 시작했습니다. 변화를 일으키기 위해서는 공동체가 단결해야 한다고 생각한 마카사는, 생수회사에 맞서는 저항의 의미로 '인식의 날Day of Awareness'을 만들었습니다. 전통적으로, 이들에겐 부족들 사이에 메시지를 전달하는 주자들이 있었는데, 마카사는 생수회사가 물을 훔쳐가고 있다는 메시지를 이어서 전달하는 5킬로미터 커뮤니티 달리기를 조직했습니다. 원주민 한 사람 한 사람 모두에게 지금 무슨 일이 일어나고 있는지 확실하게 알려주고, 또 생수회사에 그들의 단합된 메시지를 보여주어야 했습니다. 마카사는 생수회사 CEO에게 그들의 물을 더 이상 훔치지 말라고 요구하는 편지를 보내기도 했습니다. 이것은 인간의 기본적인 권리이니까요.

UN 청년기후정상회의에 초대된 마카사는 자신의 지역사회를 위한 연설을 통해 전 세계의 관심을 받았습니다. 마카사는, 만약 모든 사람들이 이 지구를 더 존중하고 연대했다면 기후위기는 없었을 것이라 생각합니다.

마카사의 집

마카사의 집은 풀이 무성한 광활한 황야와 드넓은 습지림 사이로 그랜드 강이 관통해 지나가는 곳에 있습니다. 온타리오에는 25만 개가 넘는 호수가 있습니다. 온타리오라는 이름 자체가 '아름다운 호수'를 뜻하는 원주민의 부족 언어에서 따온 것입니다. 전 세계 담수의 5분의 1이 이 지역에 있는데, 원주민들이 깨끗한 물을 더 이상 구할 수 없다는 것은 정말 이해할 수 없는 일입니다.

마카사의 집 근처에는 가지가 넓게 퍼져 뿔이 멋진 갈색 무스에서 회색늑대, 코요테와 흰꼬리사슴까지, 수많은 야생동물들이 살고 있습니다. 링테일라쿤과 밍크와 꿩, 눈빛이 날카로운 독수리, 휘파람소리를 내는 늑대거북 등도 볼 수 있으며, 숲속에는 커다란 아메리카흑곰과 늘씬한 캐나다 스라소니가, 물속에는 밝은 파란색 점박이도롱뇽과 은연어가 살고 있습니다. 안타깝게도 기후변화로 인해 많은 동물들이 멸종 위기에 처해 있습니다.

마카사는 대학에서 고향 지역의 유해한 물의 상태에 대해 연구했습니다. 쓰레기와 오수, 살충제와 폐기물 투기 같은 인간의 활동은 수많은 천연수의 수원을 심하게 오염시키고 있습니다. 사람이나 동물에게 몹시 위험한 비소와 같은 유독한 금속원소가 현재 물속에서 발견되고 있는데, 비소는 인간의 건강뿐 아니라 생태계 전체에 영향을 미칩니다. 마카사는 연구를 통해 미래 세대를 위해 땅과 물이 모두 보호되고 보존될 수 있는 방법을 찾고자 합니다. 그는 고향에 대한 지역사회의 권리를 위해 계속해서 캠페인을 벌이고 있습니다.

온타리오에는
25만 개가 넘는
호수가 있으며,
온타리오라는 이름 자체가
'아름다운 호수'를 뜻하는
원주민의 부족 언어에서
따온 것입니다.

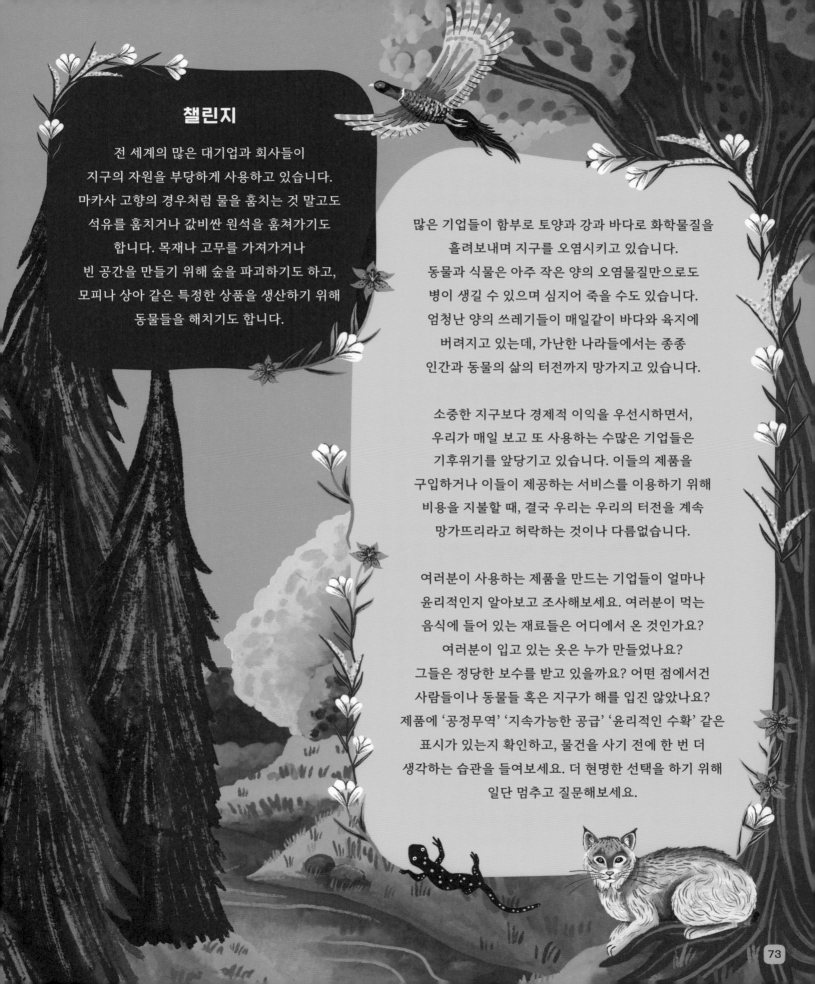

챌린지

전 세계의 많은 대기업과 회사들이
지구의 자원을 부당하게 사용하고 있습니다.
마카사 고향의 경우처럼 물을 훔치는 것 말고도
석유를 훔치거나 값비싼 원석을 훔쳐가기도
합니다. 목재나 고무를 가져가거나
빈 공간을 만들기 위해 숲을 파괴하기도 하고,
모피나 상아 같은 특정한 상품을 생산하기 위해
동물들을 해치기도 합니다.

많은 기업들이 함부로 토양과 강과 바다로 화학물질을
흘려보내며 지구를 오염시키고 있습니다.
동물과 식물은 아주 작은 양의 오염물질만으로도
병이 생길 수 있으며 심지어 죽을 수도 있습니다.
엄청난 양의 쓰레기들이 매일같이 바다와 육지에
버려지고 있는데, 가난한 나라들에서는 종종
인간과 동물의 삶의 터전까지 망가지고 있습니다.

소중한 지구보다 경제적 이익을 우선시하면서,
우리가 매일 보고 또 사용하는 수많은 기업들은
기후위기를 앞당기고 있습니다. 이들의 제품을
구입하거나 이들이 제공하는 서비스를 이용하기 위해
비용을 지불할 때, 결국 우리는 우리의 터전을 계속
망가뜨리라고 허락하는 것이나 다름없습니다.

여러분이 사용하는 제품을 만드는 기업들이 얼마나
윤리적인지 알아보고 조사해보세요. 여러분이 먹는
음식에 들어 있는 재료들은 어디에서 온 것인가요?
여러분이 입고 있는 옷은 누가 만들었나요?
그들은 정당한 보수를 받고 있을까요? 어떤 점에서건
사람들이나 동물들 혹은 지구가 해를 입진 않았나요?
제품에 '공정무역' '지속가능한 공급' '윤리적인 수확' 같은
표시가 있는지 확인하고, 물건을 사기 전에 한 번 더
생각하는 습관을 들여보세요. 더 현명한 선택을 하기 위해
일단 멈추고 질문해보세요.

니키타 슐가

니키타 슐가는 드네프르 강이 관통해서 흑해로 흘러들어가는 우크라이나의 수도 키이우에 살고 있습니다. 열한 살 때, 니키타는 학교에서 나온 음식물 쓰레기들이 모두 매립지로 실려간다는 것을 알게 되었습니다. 언제나 자연과 과학을 사랑했던 니키타는 지구를 위해 행동을 취하기로 결심했습니다.

친구 소피아-크리스티나 보리시우크와 함께, 니키타는 우크라이나의 5,500개의 쓰레기 매립지 중 3분의 1이 남용되고 있으며, 이 나라에서 버려지는 연간 120만 톤의 쓰레기 중 단 6퍼센트만 재활용되고 있다는 사실을 알게 되었습니다. 음식이 매립지에 버려져 썩게 되면 메탄이라는 해로운 가스가 생기는데, 이 메탄가스는 지구의 온난화에 크게 영향을 미칩니다. 두 사람은 음식물 쓰레기를 퇴비로 만들어 토양에 이로운 천연 비료로 사용하면 유해가스의 양을 극적으로 줄여, 기후변화에 맞서는 데 큰 도움이 된다는 사실을 알게 되었습니다.

74

니키타는 학교에 퇴비제조기를 설치해도 되는지 문의했고, 직접 비용을 지불하기만 하면 상관없다는 허락을 받았습니다. 니키타와 소피아는 낙담하지 않고 퇴비제조기를 구입하기 위한 모금 운동을 벌였고, 단 이틀 만에 충분한 돈을 모았습니다. 두 사람은 학교 식당에서 나오는 쓰레기와 낙엽들, 오래된 풀들을 켜켜이 쌓아 퇴비를 만들었습니다. 몇 달 지나지 않아 굶주린 벌레와 미생물들의 도움으로, 이 유기농 쓰레기 층은 식물과 나무가 자라는 데 도움이 되는 완벽한 비료로 탈바꿈했습니다.

소문은 빠르게 퍼져나가, 다른 사람들 역시 음식물 쓰레기를 어떻게 처리할지 고민하게 만들었습니다. 다른 학교의 아이들도 퇴비제조기를 사기 위해 돈을 모으기 시작했습니다. 니키타와 소피아는 직접 번 돈과 정부의 지원을 받아 우크라이나의 다른 많은 학교에 퇴비제조기가 설치되도록 도왔습니다. 니키타는 과학자가 되어 이 세상을 더 나은 곳으로 만들기 위한 프로젝트를 계속해나가고 싶습니다.

니키타의 집

울창한 푸른 숲으로 둘러싸여 있는 니키타의 집은 기후가 온화한 구릉지대에 있습니다. 숲과 습지가 대부분인 키이우의 주변 지역에는 다양한 야생생물들이 살고 있습니다.

회색늑대나 날렵한 들고양이, 털이 복슬복슬한 수줍은 담비 같은 포식동물들이 있으며, 커다란 엘크와 멧돼지, 은여우와 근사하게 휘어진 뿔을 가진 무플런은 거대한 평원을 어슬렁거리며 돌아다니고, 흙파는쥐와 오소리는 흙 속으로 파고듭니다. 황새나 기러기 같은 철새들과 검은뇌조와 들꿩, 올빼미는 이 나라에서 발견되는 수많은 조류들 중 일부에 불과합니다.

키이우에서 90킬로미터쯤 떨어진 곳에는 체르노빌이라는 도시가 있습니다. 이 도시는 1986년 원자력 발전소의 원자로가 폭발하는 끔찍한 사고 이후 줄곧 방치되어왔습니다. 그후, 놀랍게도 이곳은 수많은 동물들의 집이 되었습니다. 과학자들은 백조(고니)와 까마귀, 사슴, 엘크, 오소리, 늑대뿐 아니라 지금은 거의 멸종된 희귀 야생마인 프셰발스키 무리를 발견하기도 했습니다.

학교에서 퇴비를 만들어야겠다는 니키타의 아이디어는 우크라이나에서는 전혀 흔한 일이 아니었습니다. 비록 많은 사람들이 이 아이디어가 얼마나 중요한 것인지 이해하지 못했지만, 이 프로젝트가 매립지의 크기를 줄일 뿐 아니라 유익한 비료도 만들 수 있다는 사실은 충분한 동기부여가 되었습니다. 어릴 때부터 환경을 생각하는 습관을 가지는 것이 중요하다고 생각한 니키타와 소피아는 정기적으로 학교들을 방문해 퇴비를 만들어 쓰면 어떤 점이 좋은지, 어떻게 퇴비를 만드는지, 아이들을 직접 가르쳤습니다. 두 사람은 카페와 식당과 가정뿐 아니라 우크라이나의 모든 학교에서 음식물 쓰레기를 재활용하기를 바랍니다.

니키타와 소피아는, 음식물 쓰레기를 퇴비로 만들어 토양에 이로운 천연 비료로 사용하면 기후변화에 맞서는 데 큰 도움이 될 수 있다는 사실을 깨달았습니다.

퇴비화란, 음식물 쓰레기들이 시간이 흐르면서 자연 분해되어 부서지기 쉽고 영양이 풍부한 자연 비료가 되는 것입니다.

챌린지

집 선반 한쪽에서 쓰레기가 썩어 없어지는
마법을 부리는 미니 퇴비제조기를
만들어보세요.
몇 달 지나지 않아 눈앞에서
분해 과정을 지켜볼 수 있을 거예요.

준비물:

- 흙
- 입구가 넓은 유리병
- 잔디나 낙엽 같은 유기물질들
- 마커펜
- 미리 받아둔 빗물 한 컵
- 오래된 신문지
- 귀리나 과일, 야채 껍질이나 사과 속 같은
  음식물 쓰레기

1 제일 먼저 흙 한 줌을 유리병 안에 넣고,
신문지를 조금 채워준 다음 음식물 쓰레기를
한 층 깔아줍니다. 그 위에 잔디나 낙엽 같은
유기농 쓰레기들을 더해주세요. 병이 가득 찰 때까지
같은 방법으로 반복해서 층을 쌓아줍니다.

2 마지막으로 빗물을 넣어준 뒤 뚜껑을 닫습니다.
뚜껑을 통해 공기가 들어갈 수 있도록 구멍을
몇 개 뚫어주세요. 내용물의 꼭대기 부분에 맞추어
유리병에 표시를 한 다음 볕이 잘 드는 곳에
놓아줍니다. 몇 주 후면 병의 내용물이 조금씩
변하면서 줄어들기 시작하는 것을 볼 수 있습니다.

3 3개월쯤 지나면 유리병 안의 내용물은 식물들에게
영양이 풍부한 근사한 퇴비가 되어 있을 것입니다.
처음 표시해놓은 높이와 내용물이 분해된 후의
높이를 비교해보고, 나무와 식물들이 더 잘 자랄 수
있도록 직접 만든 신선한 비료를 주세요.

용어 설명

생물다양성 수백만여 종의 동식물, 미생물, 그들이 가진 유전자, 그리고 그들의 환경을 만드는 생태계 등을 모두 포함하는 이 지구상에 살아 있는 모든 생명의 풍요로움.

탄소 배출 사람들이 자동차와 공장 비행기 등을 이용하며 발생시키는 이산화탄소. 이산화탄소는 환경에 해롭습니다.

탄소발자국 특정 개인과 지역사회 혹은 단체가 배출한 이산화탄소의 양.

탄소중립 이산화탄소를 흡수하고 배출하는 양이 똑같은 사람이나 단체, 혹은 지역사회.

기후 불평등 기후변화가 사람과 장소마다 어떻게 다른 영향을 미치는지를 설명하는 용어. 예를 들어, 원주민 사회는 종종 기후변화에 더 취약합니다.

퇴비화 음식물 쓰레기를 이용해서 식물에 이로운 자연 비료를 만드는 일.

자연보호 자연계를 보호하는 활동.

환경보호 활동가 자연과 환경을 보호하는 일을 하는 사람.

산호초 다양한 바다생물들이 살고 있는 거대하고 알록달록한 해양 생태계.

삼림 벌채 인간들이 공장이나 경작지를 만들기 위해 숲을 베어버리는 일.

사막화 기후변화로 인해 땅이 점점 사막이 되어가는 과정.

생태계 동물과 식물, 바위와 물 등 일정한 지역에 살고 있는 모든 생물과 무생물. 생태계에는 매우 다양한 생명들이 살고 있습니다.

비료 식물이 잘 자라도록 흙에 첨가하는 물질.

화석연료 석탄과 석유처럼 연소시켜 에너지로 사용할 수 있는 물질들로, 환경에는 크게 해롭습니다.

지구온난화 자동차와 화석연료, 공장 운영 등과 같은 인간의 활동으로 인해 지구가 점점 따뜻해지는 과정.

인간활동 환경오염과 삼림 벌채, 화석연료의 사용 등으로 인해 인간이 환경에 미치는 영향.

원주민 어떤 지역에 처음으로 정착해서 살고 있는 사람들. 전 세계의 원주민은 환경을 보호하기 위해 대대로 내려온 전통적이고 독특한 그들만의 문화를 실천하고 있습니다.

쓰레기 매립지 어마어마한 양의 쓰레기를 묻거나 태우는 곳.

미생물 지구상의 생명체에게 필수적인 아주 작은 생물들. 박테리아나 곰팡이 같은 많은 미생물들은 현미경을 통해서만 볼 수 있습니다.

이민(이동/이주) 동물들이 먹이나 물 같은 자원을 찾아 여행하는 과정.

유기농 비료나 살충제 같은 인간이 만든 화학물질을 사용하지 않고 키운 작물이나 음식물.

살충제 작은 동물(해충)을 방지하거나 죽이기 위해 사용하는 화학물질. 대부분의 살충제에는 독성이 있어서 인간과 환경에 해롭습니다.

수분 식물들이 번식하는 데 필요한 과정으로, 이 과정에는 벌과 다른 곤충들이 필요합니다.

재활용 우리가 버리는 물건들 중 어떤 것들은 새 제품을 만드는 데 다시 사용될 수 있습니다. 재활용을 하면 우리가 만들어내는 쓰레기의 양을 줄일 수 있습니다.

위생시설 쓰레기를 치우고 물을 깨끗하게 유지하는 등 인간에게 깨끗한 생활환경을 제공하는 조건들.

사바나 아프리카에서 흔한 지역으로, 풀과 많지 않은 나무가 있는 열대의 초원지대.

일회용 플라스틱 플라스틱 빨대, 일회용 포크, 비닐봉지처럼 사람들이 한 번만 사용하고 버리는 플라스틱 용품들.

열대 적도 근처 덥고 습한 기후지대를 이르는 말.

툰드라 나무가 거의 없는 추운 지역.

UN 서로 다른 국가 간의 협력을 증진하고 지구와 지구에 살고 있는 사람들을 보호하는 것을 목표로 하는 국제기구.

업사이클 버려진 물건을 재사용해 더 좋고 새로운 물건을 만드는 것.

세계자연기금WWF 세계의 야생동물 및 원시적 환경을 보호하기 위한 국제 환경단체.

청년기후단체 환경을 보호하기 위해 청년들에 의해 만들어지고 운영되는 기구.

이 책을 쓴 히바 누르 칸은 작가이자 아이들을 가르치는 선생님입니다(비밀이지만 여전히 탐험가가 되기를 꿈꾸고 있습니다).

우리의 지구에 대해 깊은 관심을 가지고 있는 히바는 자연 특히 바다에 둘러싸여 있을 때 가장 행복합니다. 히바의 첫 책은 일곱 살 때 쓴《필요 혹은 탐욕?》이라는 시집으로, 공해와 기후변화에 대한 것이었습니다. 《모두의 집》외에 그림책《꼬마 전쟁 고양이》를 썼습니다.

지속가능한 발전에 열정을 가지고 있는 히바는 탄자니아의 시골에서 물과 재조림 계획을 실행했으며, UN의 국제이주기구IOM와 함께 개발 프로젝트를 수행하고 있습니다.

대학에서 과학을 공부한 히바는, 2021년에는 소아스런던대학교에서 우수한 성적으로 국제외교학 석사학위를 취득했습니다.

이 책의 그림을 그린 레이철 딘은 리버풀 근처의 해안에서 살고 있는 영국의 어린이책 일러스트레이터입니다. 역동감 있는 장면들을 잘 그리는 레이철은 생생하고 매력적인 인물들을 잘 묘사합니다. 레이철은 주로 자연에서 영감을 얻는데, 특히 아주 가까운 거리에 있는 멋진 국립공원과 해변을 산책하거나 다른 나라의 풍경이 근사한 장소들을 여행할 때 그렇습니다. 레이철은 디지털 작업도 하지만 구아슈를 이용해 직접 그림을 그리는데, 주로 중고등학생들을 위한 소설과 그림책 작업을 즐겨 합니다.

옮긴이 조연주

대학과 대학원에서 독일문학을 공부했습니다. 이 세상에 이로운 책을 만들고 옮기며
살고 싶습니다. 우리말로 옮긴 책으로, 어린이책《플라스틱 얼마나 위험할까?》
《난민 이야기》《아저씨, 왜 집에서 안 자요?》《색깔의 여왕》 그리고《피난하는 자연》
《101살 할아버지의 마지막 인사》《리페어 컬처》《아쿠아리움》 들이 있습니다.

모두의 집

전 세계 열여덟 청년 활동가들의 희망 이야기

1판 1쇄 2022년 12월 15일
1판 2쇄 2024년 6월 10일

글쓴이 히바 누르 칸
그린이 레이철 딘
옮긴이 조연주
펴낸이 조재은
디자인 서옥
관리 조미래

펴낸곳 ㈜양철북출판사
등록 2001년 11월 21일 제25100-2002-380호
주소 서울시 영등포구 양산로 91 리드원센터 1303호
전화 02-335-6407
팩스 0505-335-6408
전자우편 tindrum@tindrum.co.kr

ISBN 978-89-6372-412-6 03330
값 18,000원

잘못된 책은 바꾸어 드립니다.

• 어린이제품 안전특별법에 의한 기타표시사항 •		
제품명 아동 도서	제조자명 ㈜양철북출판사	
제조국명 대한민국	사용연령 8세 이상